DIE KÖNIGIN DER WÜSTE

EINE BIOGRAFIE ÜBER DEN WEIBLI-
CHEN LAWRENCE VON ARABIEN, GER-
TRUDE BELL

FERGUS MASON

LifeCaps Bücher

ANAHEIM, KALIFORNIEN

www.BookCaps.com

Inhalt

EINFÜHRUNG

Yorkshire ist die größte Grafschaft Englands und eine der abwechslungsreichsten. Sie ist berühmt für ihre Landschaften - die schroffen Berge des Peak District, die sanften grünen Dales und Küstenorte wie Whitby, das zum besten Strand Großbritanniens gewählt wurde. Es gibt auch Industriegebiete, und die Städte in Yorkshire spielten eine große Rolle bei der industriellen Revolution im 18. und 19. Alte Adelsfamilien bauten Fabriken auf ihren Ländereien und verlegten sich von der Landwirtschaft auf den Bergbau, die Eisenverhüttung und den Eisenbahnbau. Zu ihnen gesellten sich junge Unternehmer, von denen viele später Titel erhielten und selbst in den

Adel aufstiegen. Einer von ihnen war Sir Lowthian Bell, 1. Baronet, dessen Vater, Thomas Bell, eine der erfolgreichsten Eisengießereien in Yorkshire gegründet hatte. Sir Lowthian erweiterte die Gießerei, entwickelte neue Techniken zur Herstellung von hochwertigem Stahl, leistete Pionierarbeit bei der Herstellung von Stahlkabeln, beaufsichtigte den Bau der Forth Bridge (damals die längste freitragende Brücke der Welt) und eröffnete das erste kommerzielle Aluminiumwerk Großbritanniens. Zu Lebzeiten war er auch unter dem Namen Isambard Kingdom Brunel bekannt. Sein Lohn waren ein Ritterschlag, ein Baronetcy und ein Vermögen von über einer Million Pfund - nach heutigem Wert fast 120 Millionen Dollar. Die Familie Bell stammte aus der Mittelschicht und war innerhalb von zwei Generationen zu einer der Schlüsselfiguren der modernen britischen Industriearistokratie aufgestiegen, und sie machte sich daran, ihre Position in Einfluss umzuwandeln. Sir Lowthian war 30 Jahre lang Mitglied des Stadtrats von Newcastle upon Tyne und amtierte zwei Amtszeiten als Bürgermeister. Von 1874 bis

1880 war er Parlamentsabgeordneter für die Liberale Partei.1 Sein Sohn, Sir Thomas Hugh Bell, war eine der führenden Persönlichkeiten in der Eisenbahnindustrie des späten 19. Jahrhunderts und ein Reformer, der die Löhne seiner Arbeiter erhöhte. Er war auch der Vater einer der bemerkenswertesten Abenteurerinnen, Gelehrten und Diplomatinnen der Welt.

Sir Hughs Wohnsitz war Washington Hall, ein großes viktorianisches Herrenhaus aus rotem Backstein in der Ortschaft Washington. Nur fünf Meilen südlich von Newcastle gelegen, war es für seine Geschäftsinteressen, die über ganz Nordengland verstreut waren, günstig gelegen. Es bot auch genügend Platz, um eine Familie zu gründen, und in seinen frühen Zwanzigern machte sich Sir Hugh daran, dies zu tun. Sein erstes Kind, Gertrude Margaret Lowthian Bell, wurde am 14. Juli 1868 in Washington Hall geboren. Ihre zweiten Vornamen erinnerten an ihre Großeltern.

---

[1] Die Liberale Partei befürwortete damals den Freihandel und lehnte staatliche Eingriffe in die Wirtschaft entschieden ab.

Gertrude war ein auffälliges Kind mit einem ovalen Gesicht und klaren grünen Augen, die von einer Masse langer roter Haare umgeben waren.1 Sie war auch ein wissbegieriges und aktives Kind, das schon in jungen Jahren große Intelligenz zeigte. Leider ereignete sich schon früh in ihrem Leben eine Tragödie. Als sie erst drei Jahre alt war, starb ihre Mutter Mary drei Wochen nach der Geburt ihres jüngeren Bruders Maurice. Das war alles andere als ein seltenes Ereignis; etwa fünf Prozent der Mütter starben während oder kurz nach der Geburt, in der Regel an Blutungen oder Infektionen.2 Die dreiwöchige Verzögerung zwischen Maurices Geburt und Marys Tod bedeutet, dass sie sich wahrscheinlich eine Wochenbettpyrexie zugezogen hatte, eine Infektion, die in der Regel von einem Arzt oder einer Hebamme übertragen wird, die sich nicht die Hände gewaschen haben. Sie führte in der Regel zu einem Beckenabszess, aber bei vielen unglücklichen Frauen auch zu einer Bauchfellentzündung oder Septikämie; vor der Entwicklung von Antibiotika führte beides in der Regel zu einem elenden, schmerzhaften Tod. Der ungarische Arzt Ignaz

Semmelweiss hatte bereits gezeigt, dass höhere Hygienestandards bei Ärzten die Risiken bei der Geburt verringern könnten, aber die Ärzteschaft weigerte sich bis in die 1870er Jahre, seine Erkenntnisse zu akzeptieren; für Mary Shield Bell war es zu spät.

Die Oberschicht im viktorianischen England übertrug einen Großteil der Erziehungsarbeit an Ammen, Kindermädchen und Gouvernanten, und insbesondere die Väter neigten nicht dazu, sich intensiv um ihre jüngeren Sprösslinge zu kümmern. Sir Hugh war jedoch eine Ausnahme. Er war sozial fortschrittlich und im Gegensatz zu dem ruppigen Sir Lowthian ein warmherziger und freundlicher Mann. Nach dem Tod seiner Frau baute er eine starke Bindung zu seiner Tochter auf, die ihr ganzes Leben andauern sollte. Andererseits war er sehr beschäftigt; er verbrachte sechs Tage pro Woche in seinem Stahlwerk und konnte seinen Kindern nicht die Aufmerksamkeit schenken, die sie seiner Meinung nach verdienten. Als Übergangslösung zog seine Schwester Ada in sein neues Haus in Redcar ein, um den Haushalt zu führen und Gertrude und Maurice zu helfen. Ada plante jedoch nicht, dass dies eine dauerhafte Lösung sein sollte, und zusammen mit ihrer Schwester Maisie begann sie, für ihren Bruder Ehen zu schließen.3

Adas Wahl fiel auf die 22-jährige Florence Olliffe, und über einen Zeitraum von zwei Jahren brachten sie und Maisie die beiden bei jeder Gelegenheit zusammen. Ihre Bemühungen waren nicht gerade subtil, und sowohl Hugh als auch Florence merkten schnell, was vor sich ging. Zunächst wehrten sie sich gegen die Andeutungen; Hugh wollte nicht noch einmal heiraten, und Florence, die in Paris aufgewachsen war, hatte Bedenken, sich in Nordengland niederzulassen. Langsam entwickelte sich jedoch eine echte Anziehungskraft zwischen den beiden, und sie heirateten am 10. August 1876.

Florence war nicht nur Musikerin, Schriftstellerin und Dramatikerin, sondern auch eine politische Aktivistin, die sich für das Leben der Arbeiter ihres neuen Mannes interessierte. Ihr 1907 erschienenes Buch At The Works: A Study of a Manufacturing Town, das auf 30 Jahren Beobachtungen und Interviews mit

Arbeitern in Middlesbrough basiert, war eine der gründlichsten Analysen des Arbeiterlebens im industriellen Großbritannien und hatte großen Einfluss auf die Politik des frühen 20. Florence spielte die traditionelle englische Mutterrolle, indem sie ihrer Stieftochter Manieren und die Regeln der Gesellschaft beibrachte, aber, da sie ihre Intelligenz erkannte, auch mit ihr über das Schreiben und die Politik diskutierte. Zu den Themen, für die sich Florence interessierte, gehörten die Rechte der Frauen. Obwohl sie gegen die Wahlrechtsbewegung war, die für das Wahlrecht der Frauen kämpfte, setzte sie sich für die Verbesserung der Bildung für Mädchen ein, die weit hinter dem zurückblieb, was für Jungen verfügbar war. Ihre Ansichten unterschieden sich jedoch stark von denen moderner Feministinnen; sie war der Ansicht, dass die Aufgabe der Bildung darin bestehen sollte, Mädchen auf die Ehe vorzubereiten. Es dauerte nicht lange, bis sie erkannte, dass ihre neue Stieftochter vielleicht besser einen anderen Weg einschlagen sollte.

Der Einfluss von Florence spielte wahrscheinlich eine große Rolle bei der Entwicklung
von Gertruds Interessen. Das tat auch ihr
Großvater. Sir Lowthian war während der
zweiten Regierung von Benjamin Disraeli ein
liberaler Abgeordneter, und in der Außenpoli-
tik waren die Liberalen mit Disraelis konserva-
tiver Partei nicht einer Meinung. Für Sir
Lowthian war es selbstverständlich, mit seinem
Sohn und Erben über Politik zu sprechen, und
die junge Gertrude verbrachte viel Zeit damit,
faszinierenden Geschichten über ferne Kulturen
an Orten zu lauschen, die sich sehr von der grünen englischen Landschaft um Washington unterschieden. Erzählungen über arabische
Häuptlinge, den neu eröffneten Suezkanal und
die Intrigen des zerfallenden Osmanischen
Reiches weckten ihre Neugier auf die Welt und
den Platz Großbritanniens darin.

KAPITEL 1: LUST AUF LERNEN

Angesichts des Reichtums ihres Vaters und der politischen Einstellung ihrer Stiefmutter stand es außer Frage, dass Gertrude die bestmögliche Ausbildung erhalten würde. Zunächst wurde sie zu Hause unterrichtet (4), wie es in der Oberschicht üblich war, die es sich leisten konnte, Privatlehrer zu engagieren. Im Jahr 1884 beschlossen ihre Eltern, dass es an der Zeit war, dass sie zur Schule ging und andere Mädchen kennenlernte, und so wurde sie auf das Queen's College in London geschickt.

Das 1848 gegründete Queen's College war einer der Pioniere der Frauenbildung. Es war sogar die erste Schule der Welt, die akademische Abschlüsse an Mädchen vergab. Die exzentrische Einrichtung liegt in der Harley Street, die eher als Sitz der exklusivsten Privatärzte Londons bekannt ist, und besteht aus mehreren großen Stadthäusern, die miteinander verbunden sind. Das Innere der Schule ist ein verwirrendes Labyrinth aus Gängen und Nebengebäuden; sie verfügt inzwischen über mehr als hundert Räume, und die neuen Schüler erhalten Karten, damit sie sich nicht verirren. Von Anfang an war es das Ziel der Schule, eine umfassende Ausbildung zu vermitteln. Der akademische Unterricht hat einen sehr hohen Standard, aber es gibt auch ein breites Spektrum an anderen Aktivitäten. Im Gegensatz zu den meisten öffentlichen Schulen in England (in England bedeutet "öffentliche Schule" eine der besten Privatschulen - das britische Äquivalent zu einer öffentlichen Schule in den USA ist eine staatliche Schule) war die Schule schon immer sehr entspannt, was Uniformen angeht, und die Disziplinarordnung basiert auf persönlicher Problemlösung anstelle eines strengen

Bestrafungssystems, wobei die Hauptstrafe für Verstöße darin besteht, in den Pausen Müll aufzusammeln. Ebenso wird die Bildung um ihrer selbst willen gefördert; gute Leistungen werden nicht als Möglichkeit betrachtet, einen Preis zu gewinnen, sondern als etwas, das es einfach wert ist, getan zu werden. Seit den 1980er Jahren ist die Schule nur noch eine Tagesschule, aber davor gab es ein Internat für Mädchen, die von außerhalb Londons kamen. Später war Gertrude dort untergebracht, aber im ersten Jahr wohnte sie bei Florence' Eltern in der Sloane Street, wo sich das berühmte Kaufhaus Harrods befindet.

Mit seinem lockeren Umgang mit Disziplin hätte das Queen's College das ideale Umfeld für ein hochmotiviertes, hochintelligentes Mädchen wie Gertrude Bell sein müssen. Allerdings stieß sie bald auf Probleme. Zunächst hatte sie Heimweh; sie hatte Yorkshire nur selten verlassen und war noch nie von ihrer Familie getrennt gewesen. Als sie sich langsam daran gewöhnte und die Umstellung überwand, begann ein anderes, schwerwiegenderes Problem aufzutauchen. Die meisten anderen Schüler der

Schule hatten vor, Gouvernanten zu werden - Erzieherinnen, die von wohlhabenden Familien eingestellt wurden, um ihre Kinder zu unterrichten. Sie waren in der Regel intelligent, aber Gertrude fand ihre Weltanschauung konventionell und begrenzt. Sie war bereits frustriert über die wenigen Einschränkungen, die die Schule ihren Schülerinnen auferlegte, wie etwa die Notwendigkeit einer Anstandsdame beim Besuch der vielen Museen und Galerien Londons (die sie alle faszinierten), und ließ oft Dampf ab, indem sie den anderen Mädchen scharfe Kommentare entgegenschleuderte. Das Ergebnis war natürlich vorhersehbar. Da sie ihr ganzes Leben lang von ihrer Familie umgeben war, hatte die Frage, ob sie beliebt war oder nicht, für sie nie eine Rolle gespielt; jetzt musste sie sich der Tatsache stellen, dass sie es nicht war. Sie erkannte auch, und das war eine Tatsache, die ihre Stiefmutter entsetzt hätte, dass es ihr nicht wirklich etwas ausmachte. Ein anderes Mädchen hätte sich vielleicht bemüht, sich zu ändern und sich anzupassen. Gertrude ging mit Volldampf auf ihrem eigenen Weg weiter. Diejenigen, denen sie vertraute, bemerkten eine Veränderung in ihrem Verhalten, eine wachsende Ungeduld mit Menschen, die sie langweilig fand. In ihrem zweiten Jahr zog sie ins Internat, und ihre Beziehungen zu den anderen Mädchen verbesserten sich ein wenig, aber sie fügte sich nie wirklich ein.

Gertrude lernte am Queen's College noch etwas anderes: Es war möglich, von Leuten, die sie nicht interessierten, nicht gemocht zu werden und trotzdem von denen, die ihr wichtig waren, Anerkennung zu bekommen. Sie mochte sich zwar nicht mit ihren Mitschülern verstehen, aber sie war eine brillante Schülerin, und ihre Lehrer bewunderten ihre Fähigkeiten geradezu. Zumindest waren es die meisten von ihnen. Ihre Plätze in der Klassenrangliste reihten sich nahtlos aneinander: Platz vier in Alter Geschichte und Französisch, Platz drei in Erdkunde, Platz zwei in englischer Grammatik und Platz eins (mit 88 von 88 möglichen Punkten) in ihrem Lieblingsfach, der englischen Geschichte. Es gab eine Ausnahme: die Bibelklasse. Als ein Lehrer sie bat, ihre schlechten Noten im Bibelstudium im Vergleich zu ihren hervorragenden

Leistungen in allen anderen Fächern zu erklären, antwortete sie lapidar: "Ich glaube kein Wort davon." 5 Zu den Freunden ihres Großvaters gehörten Charles Darwin und Thomas Huxley, beide widerstrebende Agnostiker. Gertrude selbst war im Alter von nur siebzehn Jahren bereits eine offene Atheistin. In der streng christlichen Kultur des spätviktorianischen Englands und vor allem in einer Schule, die von einem anglikanischen Theologen gegründet worden war, war das ein Skandal sondergleichen.

Gertrude verbrachte zwei Jahre am Queen's College und verließ die Schule im Sommer 1886. Nun musste sie entscheiden, was sie mit ihrer Zukunft anfangen wollte. Ihre Lehrer wollten, dass sie eine Universität besuchte, und sie hatte ihre Eltern bereits um die Erlaubnis gebeten, sich zu bewerben, aber auch in diesem Bereich waren die Möglichkeiten für Frauen im Großbritannien des 19. Jahrhunderts recht begrenzt. Die führenden Universitäten, Oxford und Cambridge, waren bis vor kurzem noch reine Männeruniversitäten. Das erste Frauencollege in Cambridge wurde 1869 gegründet, das erste in Oxford, Lady Margaret Hall, 1878 (obwohl es erst im folgenden Jahr Studenten aufnahm). Auch die Fächer, in denen Frauen einen Abschluss erwerben konnten, waren eingeschränkt: Medizin, Jura und viele als unweiblich angesehene Fächer waren tabu. Es gab jedoch eine Wahlmöglichkeit, die Gertrude gefiel: Geschichte.

Im Oktober 1886 schrieb sich Gertrude in Lady Margaret Hall für ein Studium der modernen Geschichte ein. Das Fach passte perfekt zu ihren Interessen und ihrer Neugier auf das Weltgeschehen, die sie von ihrem Großvater geerbt hatte. Es deckte den Zeitraum vom Ende des Mittelalters um das 16. Jahrhundert bis zu den Kriegen ab, die die aktuelle Politik auf dem Balkan und im Nahen Osten geprägt hatten, und förderte ihre Faszination für den Nahen Osten. Die Erfahrung an der Universität selbst war vielleicht noch wichtiger. Frauen waren immer noch ein recht neues Element in der Oxforder Landschaft, und was viele der Mitarbeiter und Studenten betraf, waren sie alles andere als willkommen. Unhöflichkeit und offene Feindseligkeit waren an der

Tagesordnung, und viele der Professoren waren den Studentinnen gegenüber herablassend.

Gertrude hatte bereits gezeigt, dass sie in der Lage war, für sich selbst einzustehen, und sie ließ sich von der frostigen Atmosphäre nicht einschüchtern. In jedem Austausch mit Mitschülern oder Mitarbeitern gab sie mindestens so viel, wie sie bekam, und obwohl einige Leute über ihre robusten Argumente entsetzt waren, zeigte sich ihr Selbstbewusstsein deutlich. Sie war gerne bereit, den angesehensten Gelehrten zu widersprechen, und es war nicht gerade hilfreich, dass sie meistens Recht hatte. Sie mochte zwar stachelig sein, aber mit den Studentinnen in Oxford verstand sie sich viel besser als mit den anderen Mädchen am Queen's College. Ihr verbessertes gesellschaftliches Leben lenkte sie auch nicht von den eigentlichen Aufgaben der Universität ab; sie war in Oxford akademisch genauso hervorragend wie in der Schule.

Das Studium war viel weniger strukturiert als heute. Anstelle eines festen Kurses mit festgelegtem Stoff, der in jedem Semester (die meisten englischen Universitäten verwenden keine Semester; Oxford verwendet sein traditionelles System von drei achtwöchigen Semestern - Michaelmas, Hilary und Trinity) über eine bestimmte Anzahl von Jahren zu studieren war, basierte das Studium viel mehr auf persönlichen Gesprächen mit persönlichen Tutoren, die durch Vorlesungen und Lektüre in der Bibliothek ergänzt wurden. Das erleichterte es begabten Studenten, schnellere Fortschritte zu machen, und Gertrude war sicherlich begabt. Sie besuchte jede Geschichtsvorlesung, die sie in ihren Stundenplan quetschen konnte, und verbrachte dann jeden Tag Stunden in Oxfords weltberühmter Bodleian Library. Ein Bachelor-Abschluss in Geschichte dauerte normalerweise drei Jahre. Nach zwei Jahren beschloss Gertrude, dass sie für ihre Abschlussprüfungen bereit war, die sie im Mai 1888 ablegte. Als sie den Prüfungssaal verließ, sagte sie, die Prüfungen seien "entzückend" gewesen, und ging dann zum Tennisspielen.6

In den USA wird ein Honors-Grad an Studenten verliehen, die zusätzliche, fortgeschrittene Kurse oder Forschungsarbeiten absolviert haben. In Oxford und Cambridge wird der Honors-Grad an die Absolventen mit den besten Noten verliehen. Die Honors selbst sind in vier Stufen unterteilt. Die niedrigste Stufe ist die dritte Klasse. Danach folgen die Abschlüsse zweiter Klasse, die als Upper oder Lower Second bezeichnet werden (gewöhnlich abgekürzt mit 2:1 oder 2:2). Die besten Studenten erhalten einen Abschluss erster Klasse. Aufgrund der Noteninflation ist dies heute ein gängiges Ergebnis, aber in den 1880er Jahren bedurfte es herausragender Leistungen, um einen First-Class-Abschluss zu erlangen, und in Oxford und Cambridge waren die Anforderungen noch höher. Gertrude Bell war die erste Frau, die in der modernen Geschichte einen erstklassigen Abschluss erwarb, und das in nur zwei Jahren an einer der besten Universitäten der Welt. Das war eine bemerkenswerte Leistung.

Die junge Frau, die 1888 ihren Abschluss in Oxford machte, war eine faszinierende Persönlichkeit. Sie war ihrem Vater treu ergeben und fragte ihn immer schnell um Rat, wenn sie etwas nicht wusste, war aber auch sehr von ihren eigenen Fähigkeiten überzeugt und hatte einen leichten Hang zur Arroganz.

Als sie nach Hause kam, war ihre Stiefmutter hin- und hergerissen zwischen Stolz über ihren akademischen Triumph und Entsetzen über ihre energische Art. Gertrude ärgerte sich oft über Menschen, die nur vage Vorstellungen hatten; da sie Wissen viel mehr schätzte als Überzeugungen oder Meinungen, schrieb sie einmal, sie habe genug von Leuten, die Sätze mit "Ich glaube..." begännen. Florence war davon überzeugt, dass niemand eine Frau heiraten wollte, die so entschlossen war, ihren Standpunkt zu vertreten und für ihre eigenen Ansichten zu kämpfen. Sie beschloss, ihre gelegentlich wilde Stieftochter zu zivilisieren und sie zu ihrer eigenen, zahmeren Form von intellektueller Arbeit und Aktivismus zu bringen. Es würde natürlich ein Kampf werden, aber sie war fest entschlossen, es zu tun. Der erste Schritt würde ein langer Urlaub in Europa sein.

KAPITEL 2: DER REISENDE

Ein großer Vorteil von Gertrudes sozialer Schicht war, dass ihre Eltern an vielen Orten Freunde und Verwandte hatten. Florence' Schwester Mary Lascelles zum Beispiel war mit dem britischen Minister in Bukarest, Rumänien, verheiratet. Ein britischer Minister war vergleichbar mit einem Botschafter, hatte aber einen etwas niedrigeren Rang, der für eine kleine Macht wie Rumänien geeignet war. Gertrudes Onkel, Sir Frank Lascelles, war ein aufstrebender Stern im britischen diplomatischen Dienst und sollte später Botschafter in Russland und dann in Deutschland werden.7 Für ihn war Rumänien eine Gelegenheit zu lernen, wie die Diplomatie im verworrenen Netz des 19. Jahrhunderts in Europa funktionierte. Zu dieser Zeit gab es in den meisten Ländern noch Königshäuser und mächtige Aristokratien, so dass Politik und High Society eng miteinander verbunden waren. Florence beschloss, dass es Gertrude gut tun würde, einige Zeit damit zu verbringen, etwas über diese Seite des Lebens zu lernen. Auch mit ihrer Tante Mary verstand sie sich gut, und so war Bukarest die perfekte Wahl. Gertrude war ebenfalls begeistert; mit einer großen neuen Garderobe aus modischen Kleidern ausgestattet, begleiteten die Söhne der Lascelles sie über Paris und München nach Rumänien.

Sie verbrachte vier Monate in Bukarest und hatte eine tolle Zeit, aber die Ergebnisse waren nicht das, was Florence erwartet hatte. Gertrude liebte die offiziellen Anlässe - sie hatte in der Schule tanzen gelernt und dann mit noch größerem Enthusiasmus in Oxford - und brachte sogar einigen Diplomaten und Adeligen neue amerikanische Tänze wie den Boston bei. Sie begann auch, einen neuen Kreis von Kontakten aufzubauen. Florence hatte wohl gehofft, dass ihre Stieftochter einen geeigneten jungen Mann kennenlernen würde, der an einer Heirat interessiert war, aber

Gertrude war mehr daran interessiert, sich mit Gleichgesinnten anzufreunden. Einer ihrer neuen Freunde war Charles Hardinge, ein talentierter junger diplomatischer Sekretär, der in der osmanischen Hauptstadt Konstantinopel arbeitete. Ein anderer war Ignatius Valentine Chirol, ein britischer Journalist, der in Deutschland und Frankreich ausgebildet worden war, kurzzeitig für das Auswärtige Amt arbeitete, den Balkan und den Nahen Osten bereiste und dann eine Stelle als internationaler Korrespondent für die Times erhielt. Beide Männer waren Experten für das Osmanische Reich, und Gertrude wurde selbst schnell zu einem solchen.

Wenn Florence gehofft hatte, dass Gertrude ihren "richtigen Platz" in der Welt kennenlernen würde, so lief auch das nicht so gut. Sie war immer höflich zu den ausländischen Königen, die sie traf, aber sie behandelte sie mehr oder weniger als Gleichberechtigte. Im Gegenzug unterhielten sie sich gerne lange mit ihr über ihr tägliches Leben. Weniger erfreut waren die Zuschauer, als sie einem französischen Minister in fließendem Französisch sagte, er verstehe den Geist des deutschen Volkes nicht, woraufhin Tante Mary ihr einen Vortrag darüber hielt, warum das nicht akzeptabel sei. Die Biografin Georgina Howell bezeichnete Gertrude als "eine Art soziale Handgranate"8 und zweifellos war das eine zutreffende Beschreibung, aber Gertrude hielt soziale Nettigkeiten für weit weniger wichtig als Wissen und Logik. Es sollte die Zeit kommen, in der sie Recht behalten würde.

Als Gertrude Anfang 1889 aus Bukarest zurückkehrte, verbrachte sie mehrere Monate zu Hause in Redcar und verwaltete das Haus, während Florence auf einer eigenen Reise war. Sie machte die Buchhaltung, organisierte Veranstaltungen für das Personal und dessen Frauen und kümmerte sich um ihre drei jüngeren Halbgeschwister. Dann war es Zeit für ihr "Coming-out".

Der Ursprung der heutigen Kotillonbälle, der Debütantenbälle, war der Höhepunkt der Londoner Gesellschaftssaison. Junge Frauen aus Familien der Oberschicht wurden der Herrscherin vorgestellt - in Gertruds Fall der alternden Königin Victoria - und nahmen dann an einer Reihe von Bällen, Teepartys,

Sportveranstaltungen (Polo und das jährliche Pferderennen Royal Ascot waren immer beliebt) und anderen Veranstaltungen teil. Mit der Vorstellung der in Frage kommenden jungen Damen begann die gesellschaftliche Saison, die von Anfang des Jahres bis kurz nach Royal Ascot Mitte Juni dauerte, und es wurde erwartet, dass die meisten der Debütantinnen bis dahin einen geeigneten Verlobten gefunden hatten.

Nicht Gertrude.

Sie genoss die Saison fast so sehr wie ihre Zeit in Rumänien, aber als sie nach Redcar zurückkehrte, war sie immer noch eindeutig Single. Florence war kurzzeitig beunruhigt über einen leichten Flirt zwischen Gertrude und ihrem Neffen Billy, der gerade in das Eliteregiment der Coldstream Guards aufgenommen worden war, aber daraus wurde nichts. Wahrscheinlich genoss Gertrude einfach nur die Gesellschaft ihres Cousins und fand es vielleicht auch erregend, einen kleinen Skandal zu verursachen. Sie müssen ein auffälliges Paar gewesen sein - die attraktive, elegant gekleidete Rothaarige und der hochgewachsene junge Gardeoffizier in seinem scharlachroten Waffenrock - und die Zungen hätten sicherlich mit den Zungen gewackelt, als sie in London ausgingen und Gertruds Anstandsdamen vergeblich versuchten, mit ihnen Schritt zu halten. Sie ging auch mit mindestens einem von Billys Offizierskollegen aus und sorgte dafür, dass Florence per Brief informiert wurde. Florence wurde durch Gertrudes Verachtung für Anstandsdamen zunehmend beunruhigt.

Natürlich ist es wichtig, diesen schelmischen Spielen mit den gesellschaftlichen Normen nicht zu viel Aufmerksamkeit zu schenken. Es wurde erwartet, dass junge Frauen der Oberschicht in der Nähe des anderen Geschlechts beaufsichtigt wurden, aber auch wenn sich Florence über Verfehlungen ärgerte, so waren sie doch nicht so schlimm. Tatsache ist, dass die Viktorianer weit weniger prüde waren, als die meisten Menschen heute glauben. Tatsächlich beklagten sich ältere Viktorianer in den 1930er Jahren oft darüber, dass der Spaß und die Freiheit ihrer Generation durch "puritanische Fanatiker" und "Ultra-Respektabilität, den großen Fetisch des modernen Englands"

ruiniert worden waren.9 Königin Victoria selbst,
die gewöhnlich als eine abweisende ältere Frau
dargestellt wird, war in Wirklichkeit eine energische und reformfreudige Führungspersönlich-
keit. Sie war sogar bereit, sich mit den Mythen
und Tabus rund um die Fortpflanzung
auseinanderzusetzen. Als die ersten
Anästhetika entwickelt wurden, weigerten sich
die meisten Ärzte, sie bei Geburtsschmerzen
einzusetzen, sei es aus moralischen Gründen
oder aus übertriebener Vorsicht. Wahrscheinlich hatte Victoria nach der Geburt von sieben
Kindern die Nase voll von den Geburtswehen.
Als sie ihr achtes Kind zur Welt bringen wollte,
setzte sie sich über die Einwände der Ärzte hinweg: "Wir bekommen dieses Baby, und wir
bekommen Chloroform." Danach war es für
einen Arzt sehr schwer, einer werdenden Mutter eine Anästhesie zu verweigern.

Selbst das berühmteste Beispiel für viktori-
anische Sensibilität scheint ein Mythos zu sein.
Man macht Witze darüber, dass die Viktorianer
die Beine von Tischen und Klavieren in
Rüschenröcke kleideten, um zu vermeiden,
dass sie durch ihre kurvenreiche Form erregt

werden. Das ist amüsant und ein gutes Beispiel dafür, wie sexbesessen und prüde die Viktorianer waren - aber es gibt ein Problem. Einige Nachforschungen haben ergeben, dass auch im viktorianischen England solche Witze erzählt wurden, allerdings über die Yankee-Mittelschicht in Neuengland. Waren die Pianos in Neuengland anständig gekleidet? Nein. Die ganze Sache scheint mit einem Streich begonnen zu haben, der Captain Frederick Marryat gespielt wurde, einem englischen Schriftsteller, der in den USA unterwegs war, um Material für ein kritisches Buch über das Land zu sammeln.10

Gertrudes Freigeistigkeit mag ihre Stiefmutter verzweifeln lassen, dass sie jemals einen Ehemann für sie finden würde, aber in Bezug auf die Meinung der Gesellschaft spielte sie wahrscheinlich eine geringere Rolle als ihr immer deutlicherer Atheismus. Politik und Religion waren zwei Dinge, die man in höflicher Gesellschaft nicht erwähnen sollte, aber Gertrude hatte starke Ansichten zu beiden, und sie zögerte nicht, sie zu teilen.

1891 wurde Sir Frank Lascelles, der sich in Rumänien ausgezeichnet hatte, auf einen neuen Posten versetzt. Er wurde britischer Minister in Persien, das immer noch nicht wichtig genug war, um einen eigenen Botschafter zu verdienen, aber als großer unabhängiger Staat im Nahen Osten ein nützliches Gegengewicht zur Macht der Osmanen darstellte. Die Diplomatie in Teheran war eine heikle Angelegenheit: Großbritannien und Persien hatten sich von 1856-57 einen kurzen Krieg geliefert, der durch eine angebliche Affäre zwischen einem britischen Diplomaten und der Schwägerin des Schahs sowie durch iranische Versuche, die Stadt Herat im britisch besetzten Afghanistan einzunehmen, ausgelöst worden war. Nun wollte Großbritannien die Beziehungen zum Schah verbessern, und es wurde ein hervorragender Diplomat benötigt.

Als Gertrude von dem Umzug ihres Onkels erfuhr, war sie hocherfreut. Wahrscheinlich in der Hoffnung auf eine weitere Einladung, ihn zu besuchen, machte sie sich sofort daran, die persische Sprache zu erlernen, und wieder einmal halfen ihr familiäre Verbindungen dabei.

Ihre Tante Maisie, Sir Hughs ältere Schwester, hatte 1873 Edward Stanley, 4. Ihr neuer Schwiegervater war der Historiker Henry Stanley, der 3. Baron, ein zum Islam konvertierter Mann, der das erste muslimische Mitglied des Oberhauses geworden war. Die ungläubige Gertrude hätte keine Geduld für seine Konversion gehabt, aber sie war durchaus daran interessiert, dass er sowohl Arabisch als auch Persisch sprach, und bald nahm sie Unterricht bei ihm. Als die erwartete Einladung der Lascelles eintraf, war sie bereit, einen kurzen Kurs an der London School of Oriental Studies zu absolvieren. Sechs Monate nachdem Sir Frank nach Teheran gezogen war, begleitete seine Tochter Florence Gertrude auf der langen Zugreise nach Südosten, durch Deutschland, Österreich, die Türkei und das Russische Reich. Sie war überwältigt von dem Gefühl, dass dies ihr großes Abenteuer war, an einem Ort, an dem sie sich sofort zu Hause fühlte.

Gertrude stürzte sich mit einer Welle der Begeisterung in das Leben in Teheran. Sie liebte das luxuriöse Leben in der britischen Botschaft und die gesellschaftliche Szene voller

Diplomaten und einheimischem Adel. Die Arbeit ihres Onkels faszinierte sie mehr denn je: Er hielt den Frieden mit dem alten Persien aufrecht und hielt sich gleichzeitig über die Geschehnisse am Persischen Golf auf dem Laufenden, wo das Osmanische Reich, offiziell ein Verbündeter Großbritanniens, dem man aber nicht wirklich vertraute, langsam in Korruption und Schulden versank. Die Osmanen interessierten Gertrude, aber im Moment waren sie nur von geringem Interesse. Ihre wahre Leidenschaft galt im Moment Persien, und sie tauchte tief in die Kultur ein. Bei langen Ausritten in die Wüsten und Berge, bei Einkaufstouren auf den lärmenden Basaren oder bei langen Sitzungen mit Büchern über persische Poesie saugte sie Informationen über Land, Leute und Geschichte auf.

Und dann lernte sie unerwartet einen Mann kennen. Der ehrenwerte Henry Cadogan war Sekretär in der Botschaft, und wie Gertrude hatte er ein großes Interesse an der persischen Kultur. Bald begleitete er sie auf ihren Reisen durch Teheran und aufs Land und brachte ihr weitere Bücher mit. Zu dieser Zeit konnte

Gertrude schon recht gut Persisch lesen und sprechen, aber Henry war besser. Um die Lücke zu schließen, vermittelte er ihr einen Lehrer. Zur Entspannung war er ein begabter Tennisspieler, eine weitere Leidenschaft, die sie teilte. Die beiden wurden schnell unzertrennlich, und als er ihr im Juli 1892 einen Heiratsantrag machte, nahm sie freudig an. Henry stammte aus einer guten Familie; sein Vater Frederick war ein bekannter Anwalt und Politiker, und sein Großvater, der 3. Earl Cadogan, war Admiral der Royal Navy und ein Held der napoleonischen Kriege gewesen. Als sie einen Brief an ihre Eltern schrieb, um ihnen ihre Verlobung mitzuteilen, war Gertrude sicher, dass auch Florence den Antrag befürworten würde.

Die Antwort war eine herbe Enttäuschung. Sir Hugh und Florence hatten sich über Gertrudes neuen Verlobten erkundigt, und die Antworten, die sie erhielten, hatten sie von einer Heirat überzeugt. Henry Cadogans Familie mochte prominent sein, aber sie war alles andere als wohlhabend. Frederick war fast bankrott und Henry selbst hatte fast kein Geld. Das war kein Snobismus seitens der Bells, sondern ihre Sorge war, dass Henry nicht in der Lage sein würde, ein Haus zu führen, und damit hatten sie mit Sicherheit recht. Schlimmer noch, Henry hatte ein Glücksspielproblem, das das meiste seiner Einkünfte auffraß.11 Die Bells gehörten zur sechstreichsten Familie Großbritanniens, aber ihr tatsächliches Einkommen war nicht spektakulär; der größte Teil des Geldes war in Investitionen und Treuhandfonds angelegt, die von Sir Lowthian kontrolliert wurden. Gertruds Eltern schrieben, dass sie die Heirat nicht gutheißen konnten, und baten sie, so bald wie möglich nach Hause zu kommen. Sie war untröstlich, erkannte aber, dass sie mit der Heirat mit Henry von ihrem Vater verlangen würde, zusätzlich zu seinem eigenen Haushalt noch einen weiteren zu finanzieren. Das überstieg sein Einkommen; das konnte nicht funktionieren. Da ihre Tante und ihr Onkel ihre Eltern unterstützten, hatte sie keine andere Wahl, als nach Redcar zurückzukehren. Vielleicht, so hoffte sie, könnte Henry eine besser bezahlte Arbeit finden, die eine Wiederverpflichtung möglich machen würde.

Doch auch diese Hoffnung sollte sich bald zerschlagen.

Ein Jahr, nachdem Gertrude mit dem Zug nach Yorkshire zurückgefahren war, fiel Henry bei einem Angelausflug in einen kalten Gebirgsbach. Dieses eisige Eintauchen wurde dafür verantwortlich gemacht, dass er kurz darauf an einer Lungenentzündung erkrankte. Tatsächlich wird eine Lungenentzündung durch eine Reihe von Bakterien oder Viren verursacht, wobei Streptococcus pneumoniae am häufigsten vorkommt. Wenn Henry bereits eine leichte Infektion hatte, als er ins Wasser fiel, und sich nicht sofort abtrocknete und umzog, könnte die Kälte sein Immunsystem geschwächt und dazu beigetragen haben, dass sich die Infektion zu einer schweren Lungenentzündung ausweitete. Heute kann die Krankheit in der Regel mit Antibiotika behandelt werden, aber die Entdeckung des Penicillins lag noch 35 Jahre in der Zukunft. Henrys Zustand verschlechterte sich rasch, und nach kurzer Krankheit starb er. Dies war ein schwerer Schlag für Gertrude, der sie nie ganz losließ.

KAPITEL 3: RUSHING INTO PRINT

Sie mochten Henry zwar missbilligen, aber Sir Hugh und Florence konnten sehen, welche Auswirkungen sein Tod auf Gertrude gehabt hatte. Die junge Frau war sichtlich erschüttert und verfiel in eine lethargische Stimmung, die ganz anders war als ihr sonstiges energisches Wesen. Ihre Eltern suchten nach einer Möglichkeit, sie abzulenken. Sie ging wieder zum Persischunterricht und half im Haushalt, aber das reichte offensichtlich nicht aus. Dann hatte Florence eine Idee. Sie blätterte in dem riesigen Stapel von Briefen, die Gertrude aus Teheran nach Hause geschickt hatte, und in den Tagebüchern, die sie geführt hatte, und schlug

Gertrude vor, ein Reisebuch über ihre
Erfahrungen zu schreiben. Reiseliteratur war im
viktorianischen Großbritannien äußerst beliebt.
Für die meisten jungen Mitglieder der Oberschicht war die "Grand Tour" durch Europa seit
Jahrhunderten ein Initiationsritus, doch nun, da
das britische Empire den Höhepunkt seiner
Größe und Macht erreicht hatte, wuchs der Ap-
petit auf Bücher über weiter entfernte Länder.

Gertrude selbst, die im Elend versunken
war, war nicht begeistert. Florence war jedoch
eine veröffentlichte Schriftstellerin und verfügte über zahlreiche Kontakte in der Branche.
Sie sprach mit einem Londoner Verleger, Bentley & Co, und schickte ihm einen Vorschlag für
ein Buch. Bentley sagte zu, so dass Gertrude
nur schwer ablehnen konnte. Widerwillig begann sie mit der Arbeit an dem Buch, obwohl
sie an einen Freund schrieb: "Ich verabscheue
Leute, die sich in den Druck stürzen und die
Welt mit ihren billigen und hässlichen Werken
füllen."12

Gertruds mangelndes Interesse zeigte sich
im fertigen Buch; Persian Pictures wurde 1894
veröffentlicht und verschwand fast sofort in der

Versenkung. Es gab eine gute Nachricht: Es
war anonym veröffentlicht worden, ein Zeichen
für Gertruds Widerstand gegen das Projekt, so
dass der mangelnde Erfolg nicht mit ihrem
Namen verbunden war. Ein weiterer positiver
Aspekt war, dass es sie zum Schreiben gebracht hatte, wenn auch erfolglos, und nachdem sie ein Buch geschrieben hatte, würde
es ihr leichter fallen, ein zweites zu beginnen.
Nun begann sie darüber nachzudenken, das
Werk eines ihrer Lieblingsdichter zu überset-
zen.

Khwaja Shams-ud-din Mohammed Hafiz,
gewöhnlich einfach Hafiz genannt, wurde um
das Jahr 1315 im Iran geboren und wurde zum
Hofdichter der persischen Könige.13 Als An-
hänger der mystischen Sufi-Variante des Islams,
die wegen ihrer weniger strengen Auslegung
der Religion oft verfolgt wurde, aber in Persien
stets beliebt war, schrieb er viele
Liebesgedichte sowie Verse über Philosophie
und Moral. Sein Werk ist im Iran seither sehr
beliebt. Er war Henrys Lieblingsdichter
gewesen, und auch Gertrude hatte ihn gerne
gelesen. Allerdings gab es keine moderne

englische Übersetzung seiner Werke - die beste war eine Ausgabe von William Jones aus dem Jahr 1770. Nun beschloss Gertrude, ein neues Werk zu schreiben.

Poems From The Divan of Hafiz[2] wurde 1897 veröffentlicht und war, im Gegensatz zu Persian Pictures, ein sofortiger Erfolg. Gertrude beherrschte nun die persische Sprache so gut, dass sie sowohl die subtileren Untertöne der Gedichte als auch die wörtlichen Bedeutungen der normalen Konversation erfassen konnte, und ihre frei fließende Übersetzung (die zuweilen recht kreativ sein konnte) sorgte für ein angenehmes Lesevergnügen. Tatsächlich wird das Buch auch heute noch gelegentlich gedruckt. Außerdem wurde es, anders als Persian Pictures, unter ihrem eigenen Namen veröffentlicht und legte damit den Grundstein für ihre spätere Popularität als Reiseschriftstellerin.

Im selben Jahr machte die Familie Urlaub in dem malerischen französischen Ort La Grave. La Grave liegt 5.000 Fuß über dem

---

[2] In diesem Fall ist "Diwan" die persische Bezeichnung für einen Gedichtband und nicht das moderne englische Wort für eine Couch oder ein Bett.

Meeresspiegel in den französischen Alpen und ist heute ein beliebter Ort für Extremskifahrer. Im Jahr 1897 war es ein beliebter Ort, um sich zu entspannen, erstklassige Restaurants zu besuchen und Kutschfahrten in die Umgebung zu unternehmen. Die Bells verbrachten dort eine angenehme Zeit, übernachteten in einem kleinen Hotel und spazierten über die grünen Alpenwiesen. Doch irgendetwas in der Landschaft rief Gertrude auf den Plan. Sie überredete ihren Vater, mit ihr einige der niedrigeren Berggipfel zu besteigen, und nahm dann an einigen Expeditionen mit örtlichen Führern teil. Es war eine Herausforderung, und sie genoss es, aber anstatt sie zu befriedigen, weckte es nur den Wunsch nach mehr. Als sie zum Gipfel des La Meije hinaufblickte, einem sägezahnförmigen Granitfelsen, der das Dorf überragte, fragte sie sich, wie es sich wohl anfühlen würde, auf dem Gipfel zu stehen und nach unten zu schauen. Eines Tages, so versprach sie sich, würde sie zurückkommen und es herausfinden.14

KAPITEL 4: RUND UM DIE WELT

Das Schiff der Pacific Mail Steamship Company, die SS City of Rio de Janeiro, glitt durch die Golden Gate und nahm Kurs auf Honolulu. Das 3.500 Tonnen schwere, dampfgetriebene Schiff mit einem dreimastigen Hilfssegel war gebaut worden, um von der Ostküste der USA bis zu ihrem namensgebenden Hafen zu fahren, und wurde dann 1881 zu einem Luxusdampfer für den Pazifik umgerüstet. Jetzt war es Anfang 1898, und als die City of Rio San Francisco hinter sich ließ, lag Gertrude Bell in einem Liegestuhl an der Reling, ein Buch im Schoß, und schnippte einen endlosen Strom von Zigarettenstummeln über die Bordwand. Ein großer, fröhlicher Mann Mitte zwanzig lehnte

an der Reling und blätterte in einem kleinen
Buch. Es schien ein unpassendes Buch für einen
so selbstbewussten jungen Mann zu sein: Man-
ners for Women von Frau C.E. Humphry, ein
neu erschienener Knigge-Ratgeber für kul-
tivierte junge Damen. Eigentlich hatte er es nur
gekauft, um seine Schwester zu necken, und
nun las er lachend Auszüge vor, die ihn besonders amüsierten, als sie vom Liegestuhl aus
zu ihm hochblickte.

Gertrude konnte es sich leisten, zu reisen,
und eine Weltreise war für die Oberschicht eine
übliche Erfahrung. Natürlich konnte sie nicht allein reisen, und so meldete sich ihr jüngerer
Bruder Maurice freiwillig als Begleiter. Maurice
war Hauptmann im Yorkshire-Regiment, aber er
konnte einen längeren Urlaub nehmen, um
seine Schwester zu begleiten. Es sollte das
letzte Mal sein; ein Jahr später kämpfte er in
Südafrika im Burenkrieg, und danach war er mit
einer militärischen Karriere beschäftigt, die zu
zwei Tapferkeitsauszeichnungen im Ersten
Weltkrieg führte. Jetzt war er frei, um mit
seiner Schwester zu reisen, und sie machten
das Beste daraus. Die beiden hatten sich immer

gut verstanden; Maurice bewunderte seine kluge Schwester, die wiederum bei der ganzen Familie beliebt war.

Gertruds frühere Auslandsreisen waren ziemlich gut begleitet worden, auch wenn sie in Teheran viel Zeit mit Henry verbringen konnte. Diesmal war es anders. Sir Hugh und Florence erwarteten natürlich, dass Maurice auf sie aufpasste, aber die beiden sahen sich viel mehr als Gleichberechtigte und waren beide entschlossen, sich so gut wie möglich zu amüsieren. Maurice überredete den Schiffskapitän, ihm zu gestatten, auf dem Deck einen Golfplatz abzustecken, was wohl zu einer Menge verlorener Bälle führte, aber bei den anderen Passagieren sehr gut ankam.15 Gertrude war bei den Kindern der anderen Passagiere erstaunlich beliebt und organisierte Spiele, um sie bei Laune zu halten. Es hatte ihr schon immer Spaß gemacht, lustige Aktivitäten zu planen, und jetzt war es ein ebenso großer Erfolg wie Maurice' mit Gefahren übersäter Golfplatz. Der Spaß setzte sich auf der ganzen Welt fort, und als Gertrude im Juni 1898 nach Redcar zurückkehrte, war ihre Stimmung so gut wie seit

Henrys Tod nicht mehr. Aufgeputscht durch die Erfahrung, so weit und so lange ohne wirkliche Kontrolle über ihre Aktivitäten gereist zu sein, war sie auch zuversichtlicher und selbstbewusster denn je.

In Redcar half sie, wieder unter der Aufsicht von Florence, weiterhin bei der Führung des Hauses und arbeitete auch mit den Ehefrauen von Sir Hughs Clarence Steelworks im nahe gelegenen Cleveland zusammen. Sie organisierte Tagesausflüge und Tanzveranstaltungen, hielt Vorträge über ihre Reiseerfahrungen und hatte ein offenes Ohr für die Ehefrauen, die mit häuslichen Problemen zu kämpfen hatten. Die Arbeit trug zur Entwicklung ihrer politischen Ansichten bei und beschäftigte sie, aber nicht so sehr, dass sie keine Zeit für ihre Hobbys und ihren Sport hatte. Sie spielte Golf und Tennis - inzwischen war sie eine ausgezeichnete Spielerin. Sie ging auf die Jagd und reiste nach Schottland, um Lachse zu fangen. Langsam richtete sich ihre Aufmerksamkeit jedoch auf Frankreich. Sie hatte ein Versprechen zu halten.

KAPITEL 5: IN DEN WOLKEN

La Meije ist ein scharfkantiger Keil aus grauem Fels, der von Millionen von Jahren durch das Eis geformt und zersplittert wurde. Er ist der höchste Punkt eines Granitkamms, der sich über fast zehn Meilen entlang der Südseite des Alpentals erstreckt, in dem die Stadt La Grave liegt. Umgeben von Gletschern und schneegefüllten Mulden ist der Gipfel in fünf felsige Finger geteilt, von denen der Hauptfinger der letzte große unbestiegene Gipfel der Alpen war. Niemand schaffte es, ihn zu besteigen, bis sich 1877 ein Vater-Sohn-Gespann aus einheimischen Bergführern und dem berühmten französischen Bergsteiger Emannuel Boileau de Castennau den Weg nach

oben erkämpfte.16 Zwölf Jahre später hatte
nur eine Handvoll führender Bergsteiger den
Gipfel erklommen. Als Gertrude ankündigte,
dass sie den Gipfel besteigen wolle, wurde sie
von ihrer Familie und ihren Freunden
aufgefordert, keine Dummheiten zu machen.
Dass man sie als dumm bezeichnete, störte
Gertrude nicht. Wichtig war nur, dass sie ihr
Versprechen einhielt und La Meije bestieg. Als
ihre Freunde ihre Entschlossenheit sahen, un-
ternahmen sie ernsthaftere Anstrengungen, um
ihr das Vorhaben auszureden. Valentine Chiron,
jetzt Sir Valentine, war einer von ihnen.17 Ihre
Warnungen waren vernünftig, denn seit dem
Familienausflug im Jahr 1897 hatte Gertrude
nicht mehr geklettert und war im Grunde genommen ein völliger Neuling. Nun wollte sie
einen Gipfel in Angriff nehmen, an den sich die
meisten der führenden Bergsteiger der Welt
noch immer nicht herantrauten. Aber das
macht nichts, sie lässt sich nicht entmutigen.
Als sie Mitte August wieder in La Grave eintraf,
suchte sie die beiden Bergführer auf, mit denen
sie zuvor zusammengearbeitet hatte, und
erzählte ihnen von ihrem Vorhaben. Sie

stimmten unter der Bedingung zu, dass sie zunächst einige Probeklettereien machte.

Am 25. August stiegen Gertrude und ihre beiden Führer, beladen mit Campingausrüstung und Seilen, von La Grave aus über den Grat hinunter zur Refuge du Châtelleret, einer hölzernen Berghütte zwei Meilen südlich des Gipfels und über eine Meile unterhalb davon. In den nächsten zwei Tagen verbrachten sie ihre Nächte in der Hütte und ihre Tage damit, über den Fels und das Eis zu klettern, das sie umgab. Gertrude lernte schnell, wie man die Ausrüstung benutzt. Das war einfach, denn die meisten technischen Hilfsmittel, die moderne Bergsteiger benutzen, gab es noch nicht. Sie hatten keine Sicherheitshelme oder Klettergurte, keine Steigeisen mit Zacken, die sie an ihren Stiefeln befestigen konnten, um Halt im Eis zu finden. Es gab keine Karabinerhaken zum Verbinden der Ausrüstung, keine Stichteller oder Achter-Abseilgeräte, um die Gleitgeschwindigkeit des Seils zu kontrollieren, keine Nocken oder geformten Blöcke, die als Anker im steilen Fels verwendet werden konnten. Wenn sie einen Anker brauchten, war ihre einzige Möglichkeit ein Piton, eine Spitze aus Weicheisen mit einem Ring am Ende, der in einen Riss im Fels geschlagen werden konnte. Das Metall verformte sich beim Einschlagen und bot so einen besseren Halt, aber es war auch fast unmöglich, sie zu entfernen. Man konnte nur einen begrenzten Vorrat mitführen und musste sparsam damit umgehen. Weitere Ausrüstungsgegenstände waren einfache Eispickel und Hämmer zum Setzen der Haken sowie lange Manilaseile. Die Seile waren stark und widerstanden dem zerklüfteten Gestein, waren aber dicker und schwerer als modernes Nylon und saugten sich leicht mit Wasser voll, das noch mehr Gewicht hatte. Die Seile wurden mit Knoten an Ankern befestigt, und wenn Reibung nötig war, um einen Abstieg zu kontrollieren oder einen Kletterer zu stützen, wurde das Ende des Seils um Schultern und Taille gewickelt. Sie trugen robuste Lederstiefel mit mit Nägeln besetzten Sohlen, und da es keine Bergsteigerkleidung für Frauen gab, trug Gertrude eine Tweed-Reitjacke und einen re-spektablen knöchellangen Rock. Für einen Bergsteiger des 21. Jahrhunderts hätte ihre

Ausrüstung unglaublich spärlich und grob ausgesehen, aber es war das, was zur Verfügung stand, und in den Händen eines kompetenten Benutzers funktionierte es. In nur zwei Tagen war Gertrude auf dem besten Weg, kompetent zu werden.

Am späten Abend des 26. August stießen zwei junge Deutsche, ein Engländer namens Mr. Turner und sein einheimischer Führer zu ihnen in die Hütte. Lange vor der Morgendämmerung des nächsten Tages begannen sie mit dem Aufstieg zum Gipfel von La Meije, wobei die Deutschen den anderen fünf etwas voraus waren. Zunächst kraxelten sie über Schlick und zertrümmertes Gestein, das 20.000 Jahre zuvor am Ende der letzten Eiszeit abgelagert worden war - es war besser, diese Etappe im Dunkeln zu machen, schrieb Gertrude an ihren Vater, denn sie war langweilig -, dann kamen sie an den Fuß des Gletschers, der das obere Ende des Tals ausfüllte. Hier mussten sie mit dem Seil und den Eispickeln beginnen; Gertrudes langer Rock, der sich leicht in der Ausrüstung verheddern konnte, war lästig und möglicherweise eine Gefahr. Wie immer praktisch, zog

sie ihn aus und setzte den Aufstieg in ihren
langen Seidenunterhosen fort, wobei sie sich
"sehr unanständig" fühlte.18

Die Überquerung des Gletschers dauerte
eine Stunde, dann rasteten sie zehn Minuten
auf La Promontoire, einem langen felsigen
Ausläufer, der aus der Südseite des Grats
herausragt. Dann kletterten sie weiter und ar-
beiteten sich drei Stunden lang einen langen
Kamin - eine breite Rinne im Fels - hinauf, gefolgt von einigen leichten Hängen. Gertrude
war beeindruckt, wie gut es ihr bisher gelungen
war, als sie sich wieder ausruhten; das war einfach, dachte sie. Sie sollte eine unangenehme
Überraschung erleben - jetzt kam der
schwierigste Teil des Aufstiegs. In der Tat war
es mehr als schwierig, es war furchterregend.
Zweimal musste sie am Seil hochgezogen
werden, weil die Griffe zu weit auseinander lagen, um sie zu erreichen. Noch schlimmer war
es, an dem fast senkrechten Abgrund um die
Ecke zu gehen, wo oben niemand war, der ein
Seil halten konnte. Schon wenige Minuten nach
dem Verlassen des zweiten Rastplatzes war sie
überzeugt, dass sie sterben würde; sie wusste,

dass sie viel zu unerfahren war, um hier oben zu sein. Mit ihrer gewohnten Entschlossenheit ging sie jedoch weiter, und "bald kam es mir ganz natürlich vor, an meinen Augenlidern über einem Abgrund zu hängen."

Als die Sonne aufging, kletterte sie über den Pas du Chat, der ihrer Meinung nach nicht schlimmer war als der Rest der Strecke, nur um von ihren Führern zu erfahren, dass dies die gefürchtetste Stelle des ganzen Berges war. Eineinhalb Stunden später, nachdem sie den kurzen, aber steilen Glacier du Carré erklommen hatten, erreichten sie den Gipfel des Grats, der sich 200 Fuß unterhalb des höchsten Gipfels befand, und zum ersten Mal konnte Gertrude in das Tal auf der anderen Seite des Grats hinuntersehen. Dort lag La Grave weit unter ihr, fast der Blick auf die Stadt, die sie sich zwei Jahre zuvor versprochen hatte. Fast - aber nicht ganz. Nachdem sie so weit gekommen war, war sie fest entschlossen, den Gipfel zu erreichen. Kurz nach 10 Uhr morgens, nach einer letzten Kletterpartie über eine senkrechte Platte namens Cheval Rouge und einem gefährlichen Aufstieg über einen 20 Fuß hohen

Überhang, erreichte sie ihn. In ihren schweren Stiefeln, ihrer Jacke, dicken Wollsocken und schmutzigen knielangen Seidenunterhosen stand sie da und genoss den Triumph ihrer Leistung.

Gertrude schlief eine halbe Stunde auf dem höchsten Gipfel von La Meije, dann machte sie sich zusammen mit Turner (der völlig erschöpft war und krank aussah) und ihren Bergführern wieder an den Abstieg. Diesmal stiegen sie vom Grat in nordöstlicher Richtung ab und seilten sich über eine Reihe kleiner Felsen ab, um dann in einem Winkel zum Gipfel des Glacier du Tabuchet hinabzusteigen. Dieser Gletscher zieht heute Scharen von Extremskifahrern an; damals war er die obere Grenze dessen, was weniger engagierte Bergsteiger erreichen konnten, also packte Gertrude ihren Rock aus und machte sich anständig. Der Gletscher war tückisch und mit gefährlichen Gletscherspalten übersät, so dass das Seil in Gebrauch war, bis sie von seinem Fuß auf die lange grüne Almwiese kamen, die nach La Grave abfiel. Sie belebte Turner, indem sie ihn mit Schokolade und Wasser fütterte, und ging dann, fröhlich mit dem jungen Mann plaudernd, hinunter in die Stadt. Als sie gegen 18.30 Uhr in ihrem Hotel ankam, wurde sie mit einem Heldenempfang überrascht; die meisten Gäste hatten schon vor der Tür auf sie gewartet, und der Besitzer ließ ihr zu Ehren Feuerwerkskörper los. Als die beiden Deutschen - Dr. Paulke und Leutnant Lohmseller - ein paar Stunden später eintrafen, war sie bereits gebadet, umgezogen und genoss ein riesiges Abendessen, nach dem sie sich zu Bett begab.

Am nächsten Morgen schickte sie ihrem Vater ein Telegramm, um ihm mitzuteilen, dass sie in Sicherheit war, und setzte sich dann hin, um ihm einen langen Brief über den Aufstieg zu schreiben. Sie verspürte "eine unheimliche Genugtuung", schrieb sie, bevor sie ihm mitteilte, dass sie fast kein Geld mehr hatte, um die Heimreise zu bezahlen und plante, einige große Schecks auf sein Konto auszustellen.

Sir Hugh muss erleichtert gewesen sein, dass seine Tochter ihr verrücktes Abenteuer überlebt hatte, aber wenn er gehofft hatte, dass sie dadurch den Drang zum Klettern verloren hatte, sollte er enttäuscht werden. In ihrem Brief verkündete sie stolz, dass Leutnant Lohmseller dem Deutschen und Österreichischen Alpenverein geschrieben hatte und sie als Mitglied vorschlug. Gertrude Bell hatte vor, noch viele Berge zu besteigen.

KAPITEL 6: VORWÄRTS UND AUFWÄRTS

Tatsächlich war Gertrude so erpicht darauf, das Bergsteigen fortzusetzen, dass sie, anstatt sofort nach Hause zurückzukehren, mit der Planung einer weiteren Expedition begann. Der höchste Gipfel der südlichen Hälfte der französischen Alpen, der Barre des Écrins, lag nur sechs Meilen südlich von La Meije, und ein entschlossener Bergsteiger konnte ihn von der Refuge du Carrelet, einer anderen Berghütte, in einem Tag erreichen. Ihre Führer stimmten zu, bestanden aber darauf, dass sie zunächst noch ein oder zwei Tage für Übungsbesteigungen benötigte. Sie kletterten in den felsigen Tälern in der Nähe von La Grave herum, suchten sich die schwierigsten

Kletterstellen und kletterten sie wiederholt. Die Führer sagten ihr, dass sie unbedingt üben mussten, denn die Barre des Écrins war gefährlich. Die Nordwand des Berges war größtenteils mit Gletschereis bedeckt, auf dem Gertrude nicht so sicher war, und der Fels der Südwand war bröckelig und tückisch. Also übte sie, und zwischen den Kletterübungen ging sie einkaufen. Nach den Maßstäben der Bell-Familie war sie knapp bei Kasse, obwohl die meisten Leute nicht gedacht hätten, dass sie so knapp bei Kasse war - sie hatte etwa 25 Pfund übrig, was etwa 3.500 Dollar im Jahr 2014 entspricht. Bis sie ihre Hotelrechnungen beglichen hatte, würde das nicht reichen, um nach Yorkshire zurückzukehren, aber es gelang ihr, eine Männerhose zu kaufen, die sie beim Klettern unter dem Rock tragen konnte. Wenn es hart auf hart kam, konnte sie den Rock ausziehen, ohne dass ihre Unterwäsche zum Vorschein kam, die eigentlich nicht freizügiger war als die Hose, aber für einige Kommentare sorgen würde, wenn die höfliche Gesellschaft davon erfuhr. Natürlich würden wohlerzogene Damen in der Öffentlichkeit auch keine Hosen tragen, weshalb sie ihren knöchellangen Rock anbehielt, bis sie mit den schwierigen Aufstiegen begann.

Am 30. August hatte Gertrude es geschafft, die Führer davon zu überzeugen, dass sie bereit war, den Écrins zu besteigen. Wahrscheinlich waren sie nicht überzeugt, aber sie hatten inzwischen gelernt, dass es am besten war, einfach zuzustimmen, wenn die schlanke Engländerin mit den feuerroten Haaren ihren Entschluss gefasst hatte. An diesem Nachmittag verließen sie La Grave und wanderten um die hoch aufragenden Berge herum zur Hütte. Dort trafen sie Monsieur Faure, einen französischen Bergsteiger, dem Gertrude bereits begegnet war und der neben seinem Sohn auch einen überraschenden Freund dabei hatte. Es war Prinz Luís von Órleans-Braganza, der 1889, als Brasilien zur Republik wurde, ins Exil gegangen war und nun in der österreichischen Armee diente. Gertrude, die sich wie immer wohl fühlte, wenn sie mit Königen plauderte, fand ihn "einen netten kleinen Jungen" (der Prinz war 21, sah aber "absurd jung" aus).19 Vielleicht hatte sie einen gewissen Einfluss auf ihn, denn als 15 Jahre später der Erste Weltkrieg begann, wechselte Luís die Seiten und wurde Offizier in der britischen Armee. Vorerst teilte sie seine Suppe. Während sie aßen, kamen ihre beiden deutschen Freunde, Paulke und Lohmseller, an. An diesem Abend wäre es in der Hütte sehr voll gewesen. Diese Berghütten waren ein Segen für Bergsteiger; sie dienten als Stützpunkte für Expeditionen und als sicherer Unterschlupf bei schlechtem Wetter. Für Gertrude waren sie auch eine Befreiung. Weit entfernt von ihrer privilegierten Welt der Anstandsdamen und Klassenunterschiede gab es hier einen Ort, an dem sich die meist aristokratischen Bergsteiger frei mit Führern und Dienern mischten; und Männer und Frauen schliefen, in Wandermäntel gehüllt, auf derselben strohbedeckten Plattform. Die Annehmlichkeiten der Hütten waren spartanisch; das Refuge du Carrelet verfügte über einen einzigen Kochtopf, den jede Gruppe abwechselnd benutzte. Die Deutschen hatten ihre eigene Ausrüstung und kochten außerhalb der Hütte "ein ausgezeichnetes Abendessen". Danach saß die Gruppe noch zusammen, um den Sonnenuntergang zu

beobachten und den Aufstieg am nächsten Tag
zu planen, bis sie sich früh schlafen legten. Kurz
nach Mitternacht waren sie wieder auf den
Beinen und machten sich nach einem Becher
heißer Schokolade auf den Weg. In der Morgendämmerung waren sie hoch oben auf dem
Berg und blickten auf ein sonnenbeschienenes
weißes Wolkenmeer hinunter.

Auf des Écrins war es bitterkalt. An den
oberen Hängen heulte ständig ein starker
Wind, der von den Gletschern, über die er unterwegs fegte, abgekühlt wurde. Bisher hatten
sie sich über steile, aber leichte Hänge
vorgearbeitet; der schwierige Teil des
Aufstiegs lag noch vor ihnen. Nach einer Limo-
nadenpause hieß es "Röcke ausziehen und
direkt den Felsen hinauf". Jetzt begann Gertruds Ausbildung über die Mühen und Gefahren des Bergsteigens erst richtig. Die Kälte ließ
die Seile steif werden und die Hände taub
werden; Gertrude setzte sich auf ihre, um sie
warm zu halten, während sie darauf warteten,
dass ein verlorener Eispickel wiedergefunden
wurde. Dann, als sie sich über einen Gletscher
vorarbeiteten, hatte sie ihren ersten richtigen

Kletterunfall. Als sie ihren Stiefel auf einem Felsen absetzte, brach dieser unter ihr weg und sie brach auf dem Eis zusammen. Einer ihrer Führer, Mathon, fing sie am Seil auf, aber ein spitzer Felsen, den er festhielt, brach ab, als er ihr Gewicht aufnahm, und die Splitter schnitten seine Hand schwer. Jetzt hieß es "Deutschland retten, wie immer".[20] Sie war bereits von den Päckchen mit Limonadenpulver beeindruckt, die die Deutschen mit sich führten; nun holte Dr. Paulke einen Erste-Hilfe-Kasten hervor und verband Mathons Hand. Er hatte auch eines der neuen Pflaster für Gertruds Finger dabei, in den sie sich auf dem Eis geschnitten hatte.

Der Fels wurde nicht sicherer, als sie aufstiegen. Prinz Luís und seine Gruppe waren ihnen etwas voraus, und ihr Vorankommen warf Schauer von zerbrochenem Gestein herab, die Gertrudes Gruppe zwangen, zu warten, bis der Prinz jeden Abschnitt beendet hatte, bevor sie sicher folgen konnten. Das Warten war miserabel, da der kalte Wind an ihren Kräften zehrte, und als sie sich wieder bewegen konnten, mussten sie sich vorsichtig bewegen. Eine Überanstrengung hätte zu Schweißausbrüchen geführt, die beim erneuten Anhalten äußerst gefährlich gewesen wären. Es war zehn Uhr, als sie sich endlich das letzte Stück zum Gipfel hochgezogen hatten und dort standen und durch die klare Luft auf die Alpen blickten, die sich vor ihnen ausbreiteten. Unter den Gipfeln befand sich auch das Matterhorn, das Gertrude als zukünftiges Ziel auswählte. Sie blieben eineinviertel Stunden auf dem Gipfel und machten Fotos. Gertrude nutzte die Gelegenheit, um zwanzig Minuten lang zu schlafen. Dann überquerten sie den Gipfel zum eisbedeckten Nordosthang und begannen den Gletscher abzusteigen.

Der Glacier Blanc schlängelt sich vom Gipfel nach Osten und schließlich nach Südosten über eine Strecke von mehr als drei Meilen. An einer Stelle mussten sich die beiden Deutschen eine Stunde lang an einer fast steilen Eiswand abseilen und Stufen in den festen Schnee schneiden, damit die anderen folgen konnten. Als Gertrude unten ankam, waren drei Finger ihrer linken Hand vom Festhalten an den Stufen stark erfroren. Es dauerte fast fünf Stunden, um den Gletscher hinunterzusteigen, und

Gertrude - die schrieb: "Ich bin eine schreck-
liche Niete im Eis" (aber sie sagte weiter: "aber
inzwischen ziemlich gut im Fels") - fiel zweimal.
Als sie unten ankam, hinkte sie wegen eines
verstauchten Knöchels und ihre neue Hose hing
in Bändern um ihre Beine. Ihre Finger waren so
eingefroren, dass sie nicht einmal ihren Rock
schließen konnte; Mathon musste ihn für sie zu-
knöpfen. Dann bogen sie nach Norden in Richtung La Grave ab. Um 20 Uhr erreichten sie das
Gasthaus, in dem der Besitzer, der von ihrer
Ankunft gewarnt worden war, ein großes
Abendessen vorbereitet hatte.

Gertrude hatte einen weiteren beachtlichen
Gipfel geschafft. Sie war nicht die erste Frau,
die den Écrins bestieg, aber wahrscheinlich die
erste, die die gefährlichere Südseite bezwang.
Es war jedoch ein Kampf gewesen; ihr Knöchel
tat ihr weh und ihre erfrorenen Finger waren
stark blasig. In einem Brief an ihren Vater
beklagte sie sich, dass 19 Stunden fast ununter-
brochenes Klettern zu viel gewesen seien und
dass des Écrins nach all dem weniger interessant gewesen sei als La Meije. Ein weniger
entschlossener Mensch hätte das Bergsteigen

an diesem Punkt vielleicht aufgegeben. Nicht so Gertrude. Am Samstag, dem 2. September, zog sie von La Grave in das winzige Dorf Ailefroide, zwölf Meilen südlich, und verbrachte die Nacht in einer anderen Berghütte mit ihren Führern und den Deutschen. Am Sonntag bestieg sie den 12.946 Meter hohen Mont Pelvoux. Das war, so erklärte sie, einer der schönsten Tage, die sie je hatte.

In den Briefen von Gertrude an ihren Vater kommt eine andere Seite der Familie Bell zum Vorschein. Sie erwähnt eine arme Familie aus der Gegend, der Sir Hugh offenbar 100 Francs für ihren Familienurlaub in der Region geschenkt hatte, und übermittelte die Nachricht, dass weitere 200 Francs den Sohn der Familie zum Priester ausbilden lassen würden. Dass eine ausgesprochene Atheistin ihrem Vater empfahl, diese Ambition zu finanzieren, zeigt eine tiefe Großzügigkeit, die sich hinter ihrem oft stacheligen Äußeren verbirgt.

KAPITEL 7: SCHWEIZ

In einer Liste der zwanzig längsten Gebirgszüge der Welt haben sich die Alpen gerade noch auf Platz 19 geschlichen. Das ist jedoch trügerisch, denn sie sind viel umfangreicher, als ihre Länge von 750 Meilen vermuten lässt. Die Anden, die längste Gebirgskette der Welt, ziehen sich in einer mehr oder weniger geraden Linie an der Westseite Südamerikas hinunter; die Rocky Mountains, die an zweiter Stelle stehen, tun so ziemlich das Gleiche im Westen der USA. Die Alpen bilden eine breite, sich ausbreitende Sichel, die sich von der südfranzösischen Küste nach Norden in die Schweiz schlängelt, nach Osten durch Norditalien und Monaco verläuft, Teile Deutschlands und den größten Teil Liechtensteins einschließt

und schließlich in Österreich und Slowenien
endet. Die Gebirgskette besteht aus etwa 340
Bergen, wobei der Mont Blanc mit 15.781 Fuß
der höchste ist. Fünf von ihnen, darunter das
berühmt-berüchtigte Matterhorn, sind höher
als alle anderen Berge der Rocky Mountains,
und 82 Gipfel (die nicht alle als eigenständige
Berge eingestuft werden) erreichen eine Höhe
von über 13.000 Fuß. Als der Winter Ende 1899
begann, die Gipfel zu umschließen, hatte Gertrude bereits einige der schwierigsten Gipfel
im französischen Teil des Gebirges bestiegen.
Sie kehrte als erfahrene Bergsteigerin nach
Yorkshire zurück und plante bereits weitere
ehrgeizige Expeditionen für das nächste Jahr.

Der Mont Blanc, sagte sie, habe sie über
den Genfer See hinweg verhöhnt. Das war typ-
isch für Gertrudes Untertreibungen. Der Mont
Blanc verspottete sie nicht, er bedrohte sie mit
echter Gefahr. Der massive Gipfel ist technisch
weniger schwierig als einige Strecken, die sie
bereits bestiegen hatte, aber seine Größe und
die eisige Umgebung in Gipfelnähe machen ihn
zu einem Killer. Selbst mit der heutigen, weit
überlegenen Kletterausrüstung und Outdoor-

Kleidung sterben jedes Jahr etwa hundert Bergsteiger im Mont-Blanc-Massiv. Als Gertrude am 1. August 1900 Chamonix erreichte und ihre neuen Führer, die unglücklich benannten Brüder Führer, kennenlernte, hatte der Berg bereits über tausend Menschenleben gefordert. Auch das Wetter war schlecht; selbst im August fiel Neuschnee, was sie zwar nicht sonderlich beunruhigte - sie hatte vor, den größten Teil der Strecke auf Felsen zu gehen und die Gletscher zu meiden, wo der Schnee am gefährlichsten war -, aber in der Nähe des Gipfels herrschte auch starker Wind.21

Gertrude hatte den Fehler gemacht, ihr schweres Gepäck mit einem anderen Zug zu verschicken, der auf dem Weg nach Chamonix Verspätung hatte, und so saß sie einige Tage lang mit Ulrich und Heinrich Führer in ihrem Hotel und arbeitete an ihren Karten. Als die Koffer mit ihrer Kletterausrüstung endlich eintrafen, war sie bereit, ein ehrgeiziges Kletterprogramm zu absolvieren, während sie auf eine Chance am Mont Blanc wartete. Sie hatte sich inzwischen mit einem maßgeschneiderten Herrenkletteranzug ausgestattet, über den sie in den unteren Lagen allerdings noch einen Rock trug. Sobald der Aufstieg so schwierig wurde, dass man die Hände brauchte, zog sie den Rock aus, und ihre schlanke Figur in blauer Hose, Tunika, Herrenhemd und sogar einer Krawatte wurde bald zu einem vertrauten Anblick auf den Schweizer Alpengipfeln. Andere Bergsteigerinnen folgten dem Beispiel der immer berühmter werdenden Rothaarigen und kleideten sich im gleichen Stil. Es war zwar erst ihre zweite Saison als Bergsteigerin, aber Gertrude wurde bereits zu einer Persönlichkeit in den Bergen; in den Tagebüchern anderer Bergsteiger wird sie häufig erwähnt.

Mitte August bestieg sie zweimal die unteren Hänge des Mont Blanc, aber ihre Führer bestanden darauf, umzukehren, da sich das Wetter verschlechterte. Schließlich, am 20. August, entschieden sie, dass das Wetter gerade gut genug war, um weiterzugehen, und kletterten in Begleitung eines jungen Engländers namens Urquhart die letzten 3.000 Meter zum Gipfel. Sie waren wie üblich früh aufgebrochen und verließen die Hütte lange vor der Morgendämmerung, so dass sie rechtzeitig zum

Frühstück im Vallot-Observatorium unweit des
Gipfels einkehrten. Nach dem Essen setzten sie
ihren Weg bei sich verschlechterndem Wetter
zum Gipfel fort und erreichten ihn kaum, als
Nebel und Schneewirbel sie einhüllten. Gertrude fotografierte das Janssen-Observatorium, eine winzige Hütte direkt auf dem Gipfel
des Berges, aber es blieb nicht viel Zeit. Sie
gingen schnell zurück zum Vallot-Gebäude, um
ein zweites Frühstück einzunehmen.

Kurze Zeit später wurde der Schnee jedoch
schwerer, und einer der Führer mahnte, dass
sie sich beeilen müssten. Das Wetter war
bereits schlecht und verschlechterte sich
rapide; die Luft war schwer von statischer El-
ektrizität und die Funken, die von den Spitzen
der Eispickel ausgingen, waren stark genug,
um den Bart eines Mannes zu versengen. Die
Wissenschaftler sagten ihnen, dass sie innerhalb einer Stunde weit unterhalb des
Gipfels sein müssten, um dem herannahenden
Sturm zu entgehen, also rasten sie in die rela-
tive Sicherheit der unteren Hänge hinunter. An-
scheinend waren sie zu schnell für die
Sicherheit, aber sie waren eine erfahrene,

selbstbewusste Gruppe - und eine waghalsige. An einer Stelle verloren Gertrude, Ulrich Führer und Urquhart den Halt und rutschten einen Gletscher hinunter; hätte ein anderer Bergführer, Schwartzen, es nicht schon über diese Strecke geschafft und das Seil verankert, wären sie wahrscheinlich in die lange Liste der Opfer des Mont Blanc aufgenommen worden. Gertrude lag "mit gespreizten Beinen, ziemlich hilflos vor Eis und Lachen".22 Sie war intelligent genug, um die Gefahr ihres Tuns zu erkennen, aber für sie gehörte das alles zum Spaß. Beim Abstieg trafen sie auf eine andere Gruppe, die auf dem Weg nach oben war, und warnten sie, sie sollten umkehren. Die Bergsteiger weigerten sich und kämpften sich weiter zum Gipfel vor. Schließlich saßen sie zwei Tage lang im Janssen-Observatorium fest, während um sie herum ein Schneesturm tobte. Gertrude erreichte ihr Hotel rechtzeitig für ein spätes Mittagessen, "zufrieden und schmutzig". Leider machte der Sturm dem Bergsteigen für die nächsten zwei Tage ein Ende, und in einem ihrer langen Briefe beschwerte sie sich bei ihrem

Vater, dass sie es hasste, herumzuhängen,
wenn sie klettern könnte.

Diese wetterbedingten Verzögerungen
waren für Gertrude ein echtes Ärgernis. Sie zog
Sir Hugh in Briefen damit auf, wie er wohl
reagieren würde, wenn er die Rechnungen für
ihre Expeditionen sah, aber ihr Budget war begrenzt, und sie konnte die Führer nicht ewig
behalten. Als sich der Schneesturm am
Mittwoch, dem 22. August, verzogen hatte, lief
ihr Vertrag mit den Führern nur noch zwei
Tage. Entschlossen, das Beste daraus zu machen, bestieg sie zwei weitere Gipfel der Mont-
Blanc-Kette, die Aiguille du Grépon und die Aiguille du Dru. "Aiguille" ist das französische
Wort für "Nadel", und das ist durchaus pas-
send - beide Berge sind hoch aufragende,
schlanke Spitzen aus gefährlichem Fels.

Am 20. August 1901 war sie wieder in der
Schweiz, wo die Führers für einen weiteren
Monat zum Bergsteigen gebucht waren. Nachdem sie die Nacht in Basel verbracht hatte,
war ihr Ziel am 21. August die Stadt Meiringen
in den Berner Alpen - einer der höchsten und
anspruchsvollsten Abschnitte des Gebirges. Ihr

Vertrauen in ihre eigenen Fähigkeiten hatte nach den Erfolgen von 1900 einen neuen Höhepunkt erreicht, und sie war begierig darauf, noch schwierigere Gipfel zu besteigen. Um wieder in Form zu kommen, blieb sie so lange in Meiringen, bis sie ihre Kletterkleidung angezogen und ein kurzes Telegramm nach Hause geschickt hatte, und machte sich dann am Nachmittag auf den Weg zu einer Berghütte. Am 22. August bestieg sie auf dem Weg zu ihrem neuen Stützpunkt in Grindelwald mühelos das 12.113 Meter hohe Wetterhorn. Am 23. August stiegen sie und die Führer zur Schwartzegg-Hütte auf, um am nächsten Tag das furchterregende Schreckhorn zu besteigen. Wie viele der Hütten lag auch diese weit oberhalb der Baumgrenze, und so sammelten sie während des Aufstiegs Bündel von Brennholz und trugen sie den Berg hinauf. Am Abend entspannten sie sich in der Nähe der Hütte - Gertrude traf ein freundliches Murmeltier - und gingen dann ins Bett, um erneut früh aufzubrechen. Um sieben Uhr am nächsten Morgen waren sie auf dem Gipfel des Schreckhorns. Als sie zur Hütte zurückkehrten, fanden sie zwei junge Franzosen vor, die ihr Feuerholz verbrannten und ihren Tee tranken. Gertrude sagte ihnen mit eisiger Höflichkeit, dass es ihr eine Freude sei, sie zu bewirten, dass sie aber hofften, sie würden ihr den Tee überlassen. Als sie vom Anziehen ihres Rocks zurückkam, waren sie geflohen und hatten eine Notiz im Besucherbuch hinterlassen: "Wir sind ohne Führer zur Hütte aufgestiegen. Prächtige Aussicht, aber sehr hungrig. Zum Glück haben wir Tee gefunden." Die Notiz war natürlich auf Französisch, aber Gertrude sprach die Sprache fließend. Sie fügte eine nette Erklärung hinzu - "N.B. Es war mein Tee!" - und unterschrieb ihn.23

Während sie vor der Hütte ihren befreiten Tee tranken, erzählte Gertrude Ulrich Führer von ihrem neuesten Plan. Der höchste Berg der Berner Alpen ist das Finsteraarhorn, eine tödliche Spitze, die sich auf 14.022 Fuß erhebt. Nur eine Handvoll Bergsteiger hatte den Gipfel je erreicht, und keinem war es je gelungen, die Nordostflanke zu besteigen, einen messerscharfen Grat, der steil zum Gipfel hinaufführt. Nur drei Expeditionen hatten es versucht, und alle waren zur Umkehr gezwungen worden. Gertrude war entschlossen, es zu versuchen. Ulrich nahm die Herausforderung nur widerwillig an, machte sich aber Sorgen, dass sie gefährlich übermütig werden könnte.

Bevor sie das Finsteraarhorn in Angriff nahmen, wollten sie den Engelhörner-Grat bezwingen. Vieles davon war schon bestiegen worden, aber Gertrude wollte die erste Bergsteigerin sein, die alle Gipfel nacheinander bezwingt. Neuschnee hielt sie einige Tage lang von den hohen Gipfeln fern, so dass sie mit Ulrich in den Tälern trainierte, bevor sie am 29. zum Grat aufbrach. Heinrich Führer war zur Schweizer Armee eingezogen worden und verließ sie am 31. August. Er wurde als Führer durch seinen Cousin ersetzt, der (verwirrenderweise) ebenfalls Heinrich Führer hieß. Gemeinsam bestiegen sie die Gipfel entlang des Grats, einen nach dem anderen, in einer der beeindruckendsten Leistungen des ausdauernden Bergsteigens überhaupt. Sie betraten nun Neuland. Zwei ihrer Besteigungen erfolgten auf noch nie begangenen Routen. Sieben führten sie auf bisher unbestiegene Gipfel. Es war ein

Triumph, der ihr Selbstvertrauen noch weiter steigerte. Am 7. September, so hatte Ulrich befürchtet, ging sie schließlich zu weit.

Das Große Engelhorn ist einer der höchsten Punkte des Kammes. Mit nur 9.127 Fuß war es ein Pygmäe im Vergleich zu einigen der Berge, die Gertrude bereits bestiegen hatte, aber es war wirklich gefährlich und die schlechteste Route zum Gipfel verlief entlang des Grats. Niemand hatte es je geschafft, den Gipfel über die ausgesetzte Querung zu erreichen, und Gertrude war fest entschlossen, die Erste zu sein. Es war eine beängstigende Aussicht. Tiefer Schnee, schwindelerregende Winkel und bröckelnder Fels bildeten eine Reihe von Hindernissen und Fallen. Wo der Kalkstein nicht bröckelte, war er von Eis und Wasser spiegelglatt geschliffen worden.

Am Freitag, dem 6. September, stieg das Trio hoch in das Ochscuthal, ein Tal an den oberen Hängen des Kammes, und begann dann, sich entlang des zerklüfteten Kammes vorzuarbeiten. Sie stießen auf Schneeverwehungen, die sie zum Abstieg zwangen, aber am nächsten Tag versuchten sie es erneut. Am nächsten Tag versuchten sie es erneut. Das Wetter war besser, aber der Fels erwies sich als noch schlimmer als erwartet, und als sie sich weiter nach oben kämpften, waren die Führer entsetzt. Schließlich erreichten sie einen Überhang, der für jeden von ihnen zu hoch war, um den Gipfel zu erreichen. Ulrich kletterte auf Heinrichs Schultern, konnte sich aber nicht an der Kante des Felsens über ihm festhalten. Erst als Gertrude auf Heinrichs Schultern stand und Ulrich auf ihren hockte, konnte er das Seil so befestigen, dass sie weiter klettern konnten - und dann auch nur, wenn sie sich auf die Zehenspitzen stellte, um einen zusätzlichen Zentimeter zu gewinnen. Aber Heinrich hatte genug. Er hatte keine Nerven mehr, schrieb Gertrude später, und sie ließen ihn an den Felsen gefesselt zurück.24 Sie und Ulrich stürmten die hoch aufragenden Platten zum Gipfel hinauf, wo sie von einer glatten Felsplatte blockiert wurden, die zu hoch war, um zu zweit hinaufzukommen. Frustriert ließen sie sich ein paar Meter hinunter, gingen dann auf die andere Seite des Gipfels und versuchten eine neue Route. Gertrude klemmte sich schließlich in einen

Felskamin, während Ulrich ihren Körper als Trittbrett benutzte und sie den Rest des Weges hochzog. Nur wenige Schritte vom Gipfel entfernt erreichten sie den Grat und das Große Engelhorn war geschafft.

Als sie sich an ihrem verbliebenen Seil abseilten und Heinrich retteten, war es schon zu spät, um in dieser Nacht noch sicher ins Tal zu gelangen, und so machten sie sich auf den Weg zu einer Schäferhütte, die Ulrich kannte, anstatt zum Gasthaus in Grindelwald zurückzukehren. Eine Holzwand teilte das kleine Gebäude in zwei Räume. In dem einen saßen drei Hirten und rauchten ihre Pfeifen. In dem anderen waren ein paar riesige Schweine. Als die Hirten hörten, woher sie kamen, gaben sie ihnen warmes Brot und Milch. Dann kletterte Gertrude auf den Heuboden und schlief ein, bis die Schweine sie am nächsten Morgen weckten.

Heinrich mag die Nerven verloren haben, aber Ulrich Führer scheint von ihrem Können und ihrer Entschlossenheit beeindruckt gewesen zu sein (wenn auch vielleicht nicht von ihrem fast wahnsinnigen Mut). Das letzte Stück zum Gipfel des Großen Engelhorns hatte ausgereicht, um einen erfahrenen Bergführer so zu erschrecken, dass er nicht mehr weitergehen wollte; Gertrude schrieb: "Ich glaube nicht, dass ich je zwei schönere alpine Tage erlebt habe." Nun, da Heinrich allein ins Tal stapfte, machte Ulrich ihr ein großes Kompliment. Er erzählte ihr, dass sein Zuhause ganz in der Nähe sei, und führte sie zu einer schmucken Berghütte, um seinen Vater kennenzulernen. Schweizer Bergführer riskierten gerne ihr Leben für ihre reichen Kunden, aber sie brachten sie nur sehr selten zum Mittagessen nach Hause.

In vielerlei Hinsicht war das Jahr 1901 der Höhepunkt von Gertruds kurzer Bergsteigerkarriere. Sie beendete die Saison unbesiegt und hatte mehrere Gipfel bestiegen, die zuvor noch nie erreicht worden waren. Einer davon wurde ihr zu Ehren benannt - die Gertrudspitze am Engelhorn. Der nächste Gipfel ist passenderweise die Ulrichspitze. Aber das Finsteraarhorn hatte sie nicht bestiegen.

1902 machte sie sich daran, das zu ändern. Zusammen mit den Gebrüdern Führer nahm sie zur Übung noch einige weitere Anstiege in

Angriff - einer davon war allerdings eine Querung des Schreckhorns, von der alle meinten, sie sei unmöglich. Wie sich herausstellte, war sie es nicht - nur fast unmöglich. Am 31. Juli begannen sie noch vor Sonnenaufgang mit der Besteigung des Finsteraarhorns.

Von Anfang an war es ein brutaler Aufstieg. Gertrude stieß einen Felsbrocken ab, der sie auf den Rücken warf und sie eine Eisplatte hinunterrutschen ließ. Es gelang ihr, sich vor dem Ende des Seils zu stoppen, und sie wurde blass, als sie auf die Füße kletterte und sah, dass das Seil auf halber Strecke durchgeschnitten worden war. Sie kämpften sich weiter, schlugen Stufen über Eisplatten und schlängelten sich steile Kamine hinauf. Oft mussten sie eine menschliche Leiter bilden, um jemanden auf eine senkrechte Felsplatte zu bringen, eine der gefürchteten "Gendarmen". Um zehn Uhr, wenn sie normalerweise auf dem Gipfel waren und an den Abstieg zum Mittagessen in der Hütte dachten, aßen sie eine kalte Brotzeit auf der Felsschneide, die zum Gipfel führte. Der Gipfel des Finsteraarhorns war jetzt in Sicht, aber Gertrude konnte auch schwarze Wolken

sehen, die heranzogen. Am Nachmittag waren
sie bis auf 300 Fuß an den Gipfel herangekom-
men, aber ein Gendarm versperrte ihnen den
Weg, und es begann stark zu schneien. Sie
suchten seitlich des Grats nach einem Ausweg
und begannen, einen gefährlichen vereisten
Pfad nach links zu nehmen. Sie hofften, das
letzte kurze Stück bis zum Gipfel zurücklegen
zu können, bevor sie sich in Sicherheit
brachten, aber der Neuschnee ergoss sich wie
eine Mini-Lawine über ihren Weg. Zum ersten
Mal wurde Gertrude klar, dass sie umkehren
musste - aber sie hatte es zu spät getan.

Gegen 20 Uhr krachte der erste Donner
über dem Gipfel. Die Luft war dick vor Elektri-
zität und blaue Funken sprühten zwischen den
Felsen. Sie hatten es geschafft, vom Grat abzusteigen, wo die Blitzgefahr am größten war,
aber als Gertrude den Stahlkopf ihres Eispick-
els befühlte, stellte sie fest, dass er sich sogar
durch den Handschuh warm anfühlte. Sie
kratzten ein Loch in den losen Schiefer und ver-
gruben die Äxte, dann suchten sie Schutz. Sie
fanden eine steile Felsspalte und zwängten sich
hinein. Ulrich setzte sich auf Gertruds Füße, um

sie warm zu halten, und er und Heinrich bedeckten ihre eigenen Füße mit ihren Rucksäcken. Sie seilten sich an und verankerten das Seil, weil sie befürchteten, dass einer von ihnen vom Blitz getroffen werden und aus dem Schornstein fallen könnte. Die ganze Nacht kauerten sie in der engen Ritze und versuchten zu schlafen, wurden aber ständig vom Donner geweckt. Selbst in dieser schrecklichen Lage genoss Gertrude die Kraft des Gewitters.

Langsam legte sich der Sturm und der Mond kam zum Vorschein. Am Morgen kamen die drei aus ihrer Ritze und aßen ein kaltes Frühstück, das jeder mit einem Löffel Schnaps aufpeppte. Dann machten sie sich angesichts des dichten Nebels und des aufkommenden Windes, der sie mit Schnee überschüttete, wieder auf den Weg nach unten. Der Wind steigerte sich zu einem Heulen und die Temperatur stieg mit ihm, so dass sie von eisigen Wasserströmen überflutet wurden, als der Schnee über ihnen schmolz. Ströme von Schneematsch schlitterten den Berg hinunter, und die Lawinengefahr war groß. Als sie die Gletscher an den unteren Hängen erreichten, brach wieder die Nacht herein; sie verbrachten sie zusammengekauert auf Säcken über der gefährlichen Eiswand am Fuß des Gletschers. Als sie am nächsten Tag fast erfroren in Meiringen eintrafen, waren sie schon fast zweieinhalb Tage unterwegs und das ganze Dorf war in heller Aufregung.

Gertrude, Ulrich und Heinrich waren in einem schrecklichen Zustand. Sie waren erfroren, erschöpft und am Rande der Unterkühlung. Es dauerte zwei Tage, bis sie sich erholt hatten, dann gab es ein schwieriges Mittagessen mit der Familie des Führers - die Mutter der Führer war fast hysterisch über das, was sie getan hatten.25 Ulrich war mehr beeindruckt. Während Gertrude ihrem Vater schrieb, um ihm mitzuteilen, dass Chirols Vorhersage, dass sie in den Alpen sterben würde, fast wahr geworden war, schrieb der Führer seinen eigenen Brief. Die Besteigung sei erst dreimal versucht worden, teilte er Sir Hugh mit, einschließlich ihres eigenen gescheiterten Versuchs. Er schrieb es Gertrudes Mut und Entschlossenheit zu, dass sie alle sicher herunterkamen.26

In der Klettersaison 1903 unternahm Gertrude eine weitere Weltreise, die sie jedoch unterbrach, um in den Rocky Mountains zu klettern. 1904 kehrte sie in die Schweiz und zu den Gebrüdern Führer zurück. Es gab noch einen letzten Gipfel, den sie besteigen musste: das Matterhorn. Das Matterhorn ist eine zerklüftete Pyramide, die sich bis auf 14.692 Meter erhebt und mehr Todesopfer gefordert hat als jeder andere Berg in den Alpen. Erstmals bestiegen wurde es 1865 von einer Gruppe von sieben Bergsteigern, von denen vier auf dem Rückweg starben.

Wie zuvor brachen sie lange vor der Morgendämmerung auf; die Sonne ging an einem bedrohlichen Tag auf, aber bald darauf klärte sich das Wetter auf und der größte Teil des Aufstiegs war einfach. Ein letztes Stück unterhalb des Gipfels verlangsamte sie; sie brauchten zwei Stunden, um 20 Fuß zu steigen. Heinrich hatte Mühe damit, aber um zehn Uhr morgens erreichten sie den Gipfel der berühmtesten aller Alpen.

Und mit der Bezwingung des Matterhorns schien sie endlich zufrieden zu sein. Danach unternahm sie keine großen Kletterexpeditionen mehr, sondern bestieg nur noch beiläufig die Gipfel, die sich in ihrer Nähe befanden. Das Bergsteigen war für sie nur eine kurze Phase gewesen. Aber während die meisten Menschen, die einen plötzlichen Drang verspüren, mit dem Bergsteigen zu beginnen, sich vielleicht ein paar Führer und ein Paar Stiefel kaufen und sogar einen Seilkurs im örtlichen Sportzentrum belegen, hatte sich Gertrude in nur fünf Jahren einen Namen auf höchstem Niveau in diesem Sport gemacht. Wie immer, wenn sie sich zu etwas entschloss, tat sie es mit Stil.

KAPITEL 8: EINE KURZE VERSION EINER LANGEN GESCHICHTE

Auch wenn sie erfahrene Bergsteiger in Erstaunen versetzte und ihre Familie in Angst und Schrecken versetzte, hatte Gertrude ihr Interesse am Nahen Osten nicht verloren. Ihr Aufenthalt in den Alpen hatte nur etwas mehr als einen Monat gedauert, so dass sie viel Zeit für andere Interessen hatte. Sie war eine begeisterte Fotografin und organisierte Diavorträge für die Ehefrauen von Sir Hughs Mitarbeitern, die sie mit Fotos von ihren Kletterabenteuern beeindruckte. Sie verbrachte einige Zeit in London, meist zu gesellschaftlichen Anlässen oder um verschiedenen Gesellschaften beizutreten. Reisen reizten sie jedoch immer, und als ein alter Freund ihr im

November 1899 schrieb und sie nach Jerusalem einlud, nahm sie das Angebot gerne an.

Jerusalem ist eine der geschichtsträchtigsten Städte der Welt. Gegründet vor bis zu 5.000 Jahren in der Bronzezeit von den Kanaanitern, wurde sie zur Hauptstadt eines ägyptischen Klientelstaates, dann zum Zentrum einer losen Konföderation, die von den Israeliten beherrscht wurde. Im 8. Jahrhundert v. Chr. wurde sie von den Assyrern erobert, und im 6. Jahrhundert v. Chr. übernahm das expandierende babylonische Reich die Kontrolle. Als der persische König Kyros der Große Babylon dem Achämenidenreich einverleibte, lud er die Juden Babylons ein, nach Jerusalem zurückzukehren und dort den (möglicherweise legendären) Tempel wieder aufzubauen. Der Bau des Tempels, ihre bestehende israelitische Religion und der Glaube, den sie während der babylonischen Gefangenschaft übernommen hatten, verschmolzen in dieser Zeit zu der modernen jüdischen Religion. Jahrhundertelang war Judäa ein weitgehend selbstverwalteter persischer Klientenstaat, dessen Hauptstadt Jerusalem war. Im späten 4. Jahrhundert v. Chr.

fiel das Perserreich, das mächtigste und zivilisierteste seiner Zeit, an die Mazedonier unter Alexander dem Großen, und Jerusalem geriet unter mazedonischen Einfluss. Griechen begannen sich dort niederzulassen und brachten die moderne hellenistische Kultur mit, die sich im Mittelmeerraum ausbreitete. Die Seleukiden, ein hellenisiertes Reich mit Sitz in Persien, eroberten 198 v. Chr. die Region. 168 v. Chr. lehnte sich eine jüdische Rebellenarmee, die Makkabäer, gegen die griechische Kultur ihrer Herrscher auf und errichtete eine Theokratie, das hasmudäische Königreich Judäa, das die große griechische Bevölkerung zwang, zum Judentum überzutreten, und das religiöse Gesetz durchsetzte. Dann, um 67 v. Chr., brach ein Bürgerkrieg zwischen den rivalisierenden pharisäischen und sadduzäischen Fraktionen der Priesterschaft aus; die Sadduzäer hielten die Thora für die einzige legitime Quelle des religiösen Gesetzes, während die gemäßigteren Pharisäer das mündliche Gesetz bevorzugten. Dies war ein denkbar schlechter Zeitpunkt für einen störenden Streit, denn die neuen Nachbarn waren bereits verärgert.

Im letzten Jahrhundert hatte die Römische Republik nach der Vernichtung Karthagos im Dritten Punischen Krieg ihren Einfluss in Nordafrika und im Nahen Osten stetig ausgebaut. Oft verlief die Expansion widerwillig; Rom versuchte, neue Gebiete zu befrieden, und wurde dabei von Flüchtlingen oder bewaffneten Gruppen gestört, die durch Konflikte jenseits der eigenen Grenzen entstanden waren. Die einzige Möglichkeit, das Problem zu lösen, bestand darin, einige Legionen zu entsenden, um den Streit zu beenden - und plötzlich hatte Rom mehr Land zu befrieden, mit neuen Grenzen und neuen Problemen jenseits dieser Grenzen. Im Jahr 63 v. Chr. kontrollierte die Republik das ptolemäische Ägypten und den größten Teil Syriens und führte mit Unterbrechungen Krieg gegen den zerfallenden Seleukidenstaat. Die Unruhen in Judäa zogen Überfälle der Seleukiden und der Parther nach sich, und das bedeutete Probleme in Ägypten. Das Königreich Hasmodea war offiziell ein geschätzter Verbündeter der fernen Stadt am Tiber, und beide Fraktionen schickten Gesandte an den römischen Befehlshaber in Syrien,

Gnaeus Pompeius Magnus - Pompejus den Großen. Beide hofften, in der internen Fehde die Unterstützung Roms zu gewinnen.

Pompejus wurde so genannt, weil er ein großer Soldat war, aber niemand nannte ihn je einen großen Diplomaten. Für ihn war der Konflikt zwischen Pharisäern und Sadduzäern ein sinnloser Streit zwischen zwei Seiten, die seiner Meinung nach gleichermaßen im Unrecht waren. Er verlor schnell die Geduld und führte seine Legionen nach Judäa, stürmte Jerusalem und setzte einen römischen Marionettenkönig, Antipater, auf den Thron. Im Jahr 36 v. Chr. wurde Antipater von seinem Sohn, dem berüchtigten Herodes dem Großen, abgelöst. Herodes starb 4 v. Chr. und das Reich wurde unter seinen drei Söhnen aufgeteilt. Im Jahr 6 n. Chr. wurde die Region als Provinz Iudaea unter direkte kaiserliche Herrschaft gestellt. Da sie zu klein war, um einen eigenen Gouverneur zu haben, wurde sie unter dem neuen Gouverneur Quirinius (der im Neuen Testament erwähnte Cyrenius) zu einem Satelliten von Syrien. Quirinius verärgerte sofort viele der Einwohner, indem er die erste Volkszählung in

dem Gebiet durchführte, was gegen das
jüdische Gesetz verstieß. Dies führte zu jahr-
zehntelangem Aufruhr, da die Römer auf der
Suche nach einer Regierungsform, die die er-
regbare Bevölkerung bei Laune halten würde,
zwischen direkter Herrschaft und einer Reihe
von Marionettenkönigen wechselten. Im Jahr
66 n. Chr. begann ein jüdischer Mob, der
darüber verärgert war, dass Griechen ihre
heidnischen religiösen Rituale ausüben durften,
griechische Kaufleute anzugreifen. Als sich der
Ärger ausbreitete und römische Steuerein-
treiber angegriffen wurden, schickte der Proku-
rator von Jerusalem Truppen zum Tempel, um
die Steuern aus der Schatzkammer der Priester
einzutreiben. In der Provinz kam es zu einer of-
fenen Rebellion, und die Garnison von Jerusalem wurde gefangen genommen und
massakriert. Eine eilig entsandte Hilfstruppe
aus Syrien wurde ebenfalls von den Rebellen
angegriffen und massakriert, wobei 6 000
römische Soldaten starben.

Kaiser Nero war darüber alles andere als
erfreut und schickte 68 n. Chr. seinen
Lieblingsgeneral, den hervorragenden

Vespasian, um den Aufstand niederzuschlagen. Vespasians Sohn Titus hatte bereits eine Armee in Alexandria aufgestellt, die aus über 40 000 Soldaten der lokalen Klientelkönige bestand und an deren Spitze eine römische Legion stand. Vespasian brachte zwei weitere Legionen mit, die Elitetruppen V Macedonia und X Fretensis. Anstatt sich in eine mögliche Falle zu stürzen, arbeitete er sich methodisch von Norden nach Süden durch die Provinz und schlug die Rebellion nach und nach nieder. Jerusalem war umzingelt und wurde als letztes verlassen. Zwangsläufig kämpften zwei Rebellengruppen innerhalb der Stadt weiter gegeneinander um die Kontrolle und schlossen sich erst zusammen, als die Legionäre bereits Rampen zu den Stadtmauern bauten. In einem verrückten Versuch, die Verteidiger zu einem härteren Kampf zu ermutigen, verbrannten ihre Anführer einen Großteil der Lebensmittelvorräte. Titus setzte dem Wahnsinn schließlich im Mai 70 n. Chr. ein Ende, indem er die drei Stadtmauern Jerusalems nacheinander durchbrach und den größten Teil der Stadt niederbrannte. Als Strafe für das vier Jahre zuvor

verübte Massaker an der gefangenen
römischen Garnison wurden die wenigen überlebenden Einwohner - bis zu einer Million
Aufständische aus der ganzen Provinz waren in
die Stadt geflüchtet, und die meisten von ihnen
waren verhungert oder an Krankheiten gestorben - als Sklaven verkauft. Der Tempel wurde
ausgebrannt und von den römischen Belager-
ungswaffen zerschmettert. Beim Wiederaufbau
der Stadt wurden die meisten der zerstörten
Überreste geplündert, bis nur noch die
berühmte Westmauer übrig blieb.

Der Ärger war noch nicht vorbei. Im Jahr
132 n. Chr. stürzte der Bar Kokhba-Aufstand
erneut die Regierung der Provinz. Die
Aufständischen belagerten die Garnison in Jerusalem; kleinere Garnisonen und viele Christen
wurden massakriert. Simon Bar Kokhba erklärte
sich zum Fürsten von Israel. Kaiser Hadrian, der
ein Vermögen in den Wiederaufbau Jerusalems
und der Provinz investiert hatte, hatte genug.
Bar Kokhba verfügte über eine Streitmacht von
bis zu 400.000 Rebellen; Hadrian stellte zwölf
Legionen mit jeweils etwa 5.000 regulären
römischen Soldaten und etwa der gleichen

Anzahl von Hilfskavallerie und Bogenschützen auf. Die Rebellen waren ihnen zahlenmäßig drei zu eins unterlegen und lieferten ihnen einen harten Kampf. XXII Deiotariana erlitt so viele Verluste, dass sie aufgelöst wurde und die Überlebenden zur Verstärkung anderer Einheiten eingesetzt wurden. IX Hispana, die berühmte Neunte Legion, von der manche glauben, sie sei in Schottland verschwunden (und die in vielen Fantasy-Romanen und schlechten Filmen wieder auftaucht), erlitt möglicherweise das gleiche Schicksal. Drei Jahre lang stürmten die Legionäre unerbittlich befestigte Städte und machten Jagd auf die Rebellen, bis sie schließlich in die letzte Festung Betar eindrangen und ein großes Gemetzel veranstalteten. Insgesamt wurden eine halbe Million Rebellen getötet; ungezählte Menschen starben an Pest und Hunger, als der zusammenbrechende Aufstand die Gesellschaft zerriss. Dann machte sich Hadrian daran, die Arbeit zu beenden.

Innerhalb von zwei Generationen hatten die jüdischen Aufstände drei Legionen vernichtet und die Provinz zweimal verwüstet, was mit enormen Kosten verbunden war. Natürlich hätten die Römer akzeptieren können, dass die Juden nicht unter römischer Herrschaft leben wollten, und sich aus der Region zurückziehen können, aber sie waren nicht immer sehr nachsichtig. Hadrian machte sich daran, die jüdische Religion und ihre Verbindung zu Jerusalem zu zerstören. Alle heiligen Gegenstände, die er finden konnte, wurden auf dem Tempelberg feierlich verbrannt, der dann mit Statuen von Hadrian und dem Gott Jupiter geschmückt wurde. Iudäa wurde zu Syria Palastina und das im römischen Stil wiederaufgebaute Jerusalem zu Aelia Capitolina. Juden und Christen wurde der Zutritt zur Stadt unter Androhung der Kreuzigung untersagt. Die führenden jüdischen Priester wurden aufgespürt und hingerichtet. Die Rache Roms beschränkte sich nicht auf die Aufständischen selbst, wie es nach dem ersten Aufstand der Fall gewesen war; die meisten jüdischen Einwohner der gesamten Provinz wurden versklavt oder vertrieben.

Indem Hadrian versuchte, das Judentum zu zerstören, machte er es zu dem, was es heute ist. Indem er die Priesterschaft und ihre

Verbindung zum zerstörten Tempel auslöschte, verlagerte er den Schwerpunkt des jüdischen religiösen Lebens auf die Rabbiner und Synagogen, wo er bis heute geblieben ist. Das neue Zentrum der Gelehrsamkeit wurde nach Babylon verlegt, aber die Gelehrten studierten auch in den Gemeinden, was zu einer dezentraleren und stärker auf das Lernen ausgerichteten Kultur anstelle der oft diktatorischen Priesterschaft führte. Die Juden blieben zwar in Palastina, aber 351 n. Chr. rebellierten sie erneut gegen Rom. Diesmal lag die Schuld eindeutig bei den Römern. Inzwischen war das Reich in einen westlichen und einen östlichen Teil gespalten, und der östliche Kaiser in Konstantinopel erlaubte den Bürgern, die jüdische Minderheit zu verfolgen. Was auch immer der Grund für den Aufstand war, das Ergebnis war die Zerstörung der meisten der in der Provinz verbliebenen jüdischen Gemeinden. Die meisten der Überlebenden konvertierten zum Christentum oder zu den heidnischen griechischen und römischen Religionen.

Als das Weströmische Reich im 5. Jahrhundert n. Chr. zerfiel, blieb Jerusalem unter der

Kontrolle des Ostreichs. Diese Kontrolle wurde jedoch bald in Frage gestellt, als zunächst die Perser und dann eine Allianz aus Persern und den überlebenden Juden der Region die Stadt zweimal einnahmen. Jedes Mal gelang es dem Ostreich, dem heutigen Byzantinischen Reich, die Stadt zurückzuerobern, zuletzt im Jahr 628 n. Chr. Dann fegte ein neuer Eroberer aus dem Osten die letzten Überreste der römischen Herrschaft hinweg.

Der Islam wurde um 610 n. Chr. vom Propheten Mohammed auf dem Gebiet des heutigen Saudi-Arabien gegründet. Bis zu seinem Tod im Jahr 632 n. Chr. war es Mohammed gelungen, die Stämme der arabischen Halbinsel zu einer einzigen Nation zu vereinen, die sich prompt im Krieg mit dem byzantinischen Reich befand. Eine Reihe von Kriegen setzte sich über 400 Jahre lang fort, als die beiden Reiche aufeinander losgingen, doch Jerusalem fiel früh - 634 n. Chr. - an die Muslime und blieb in arabischer Hand. In der Anfangszeit des Islam waren die Beziehungen zwischen der neuen Religion und dem Judentum im Allgemeinen gut, und das Kalifat hob das alte Verbot für Juden auf, in der Stadt zu leben. Die muslimischen Herrscher unterzeichneten auch einen Vertrag mit dem christlichen Patriarchen, wonach die heiligen Stätten unbehelligt bleiben sollten.

Im Jahr 1099 erreichten die europäischen Heere im Rahmen des Ersten Kreuzzugs Jerusalem und belagerten die Stadt. Die meisten Christen waren aus der Stadt vertrieben worden, und sie war gut verteidigt, aber in der Nacht vom 14. auf den 15. Juli wurden die Belagerungstürme auf die Mauern gerollt, und am Morgen stürmten die gepanzerten Ritter über die Wälle. In dem darauf folgenden Gemetzel metzelten die Kreuzritter fast alle in der Stadt verbliebenen Menschen nieder.

Nach dem Tod oder der Vertreibung der jüdischen und muslimischen Einwohner besiedelten die Kreuzfahrer die Stadt mit Christen aus Osteuropa und dem Nahen Osten, doch 1167 eroberte der Kriegsherr Saladin aus dem heutigen Irak die Stadt. Er vertrieb die "Franken" - die Nordeuropäer -, erlaubte aber den Christen aus dem Osten zu bleiben und ließ Juden und Muslime zurück nach Jerusalem. 350 Jahre lang wurde die Stadt von

einfallenden Reichen umkämpft - von den Tata-
ren aus Persien, dem ägyptischen Mamluken-
Sultanat und sogar von den Mongolen unter
Dschingis Khan. Als die Stadt schließlich 1517
an die Türken fiel, hatten fast alle großen Zivili-
sationen ihre Spuren in Jerusalem hinterlassen.
Jetzt, in den letzten Tagen des 19. Jahrhunderts, war die alte Stadt immer noch Teil des
zerfallenden Osmanischen Reiches. Sie war fast
vier Jahrhunderte lang unter türkischer
Herrschaft gestanden, mit Ausnahme einiger
Jahre in den 1830er Jahren nach einer kurzen
Annexion durch Ägypten und dem arabischen
Aufstand von 1834. In den Straßen der Stadt
drängten sich die Gotteshäuser aller drei
großen abrahamitischen Religionen. In den
Stadtvierteln wimmelte es von Sprachen -
Griechisch, Judäo-Arabisch, Türkisch, Jiddisch
und sogar Latein. Die vorherrschende Sprache
war jedoch Arabisch. Etwa 95 Prozent der Einwohner waren Araber, etwa jeder achte von ihnen war Christ. Von den restlichen 5 % waren
die meisten Juden, vor allem jüngere Einwanderer, die vor der Verfolgung in Russland und
Polen geflohen waren, und eine Handvoll

Kaufleute aus Griechenland, der Türkei, dem Libanon und fast allen anderen Ländern entlang des Mittelmeers. In diese erstaunliche Mischung aus Sprachen und Kulturen kam die ewig neugierige Gertrude Bell. Dies sollte ihr Leben grundlegend verändern. Am Ende sollte sie sogar noch dramatischere Veränderungen für den gesamten Nahen Osten bewirken.

KAPITEL 9: JERUSALEM

Die Hauptstadt des Osmanischen Reiches war Istanbul, und dort befanden sich die Botschaften und hochrangigen ausländischen Diplomaten. Das Reich war jedoch riesig, und um ihre Bürger überall zu betreuen, hatten die meisten Länder auch eine Reihe von Konsulaten. Gertruds alte Freundin Nina Rosen war mit einem deutschen Diplomaten verheiratet, der jetzt Konsul in Palästina war. Vielleicht erinnerte sich Nina daran, wie sehr Gertrude Persien geliebt hatte, und lud sie ein, das Weihnachtsfest 1899 in Jerusalem zu verbringen. Gertrude nahm die Einladung gerne an; es war zwar nicht Persien, aber sie freute sich immer, etwas Neues zu sehen. Um das

Beste daraus zu machen, vereinbarte sie einen mehrmonatigen Aufenthalt in Jerusalem, packte ihre Koffer, sammelte einige Kisten für die Rosens und machte sich auf den Weg. Sie hielt sich einige Tage in London auf, trat der Photographic Society bei, ging mit dem millionenschweren Reiseschriftsteller und Politiker Bertie" Mitford Schlittschuhlaufen, verbrachte einige Zeit mit Sir Valentine Chirol und nahm dann ein Schiff nach Frankreich. Am 29. November war sie in Paris, und am nächsten Tag segelte sie von Marseille nach Athen. Ein Brief, den sie aus Paris schickte, zeigte, dass sich hinter ihren großbürgerlichen Manieren eine gewisse Schärfe verbarg:

"Wen, glauben Sie, habe ich in Amiens und in Paris wiedergesehen? Major Forster! Ich bin geflohen, und ich glaube nicht, dass er mich gesehen hat, aber wenn er es getan hätte, hätte er mich sicher für eine unbekannte russische Prinzessin gehalten, so einen schönen Pelzmantel hatte ich an! Er war in Begleitung einer Frau - ob er wohl verheiratet ist? Als ich an ihnen vorbeiging, hörte ich ihn sagen: "Ich bin ein Mann, der eine sehr geringe Meinung von sich selbst hat. Ich war froh, dass ich an diesem Gespräch nicht teilnahm, obwohl die offensichtliche Antwort lautete: 'Nicht so klein wie ich.'"27

Auf dem Schiff nach Athen freundete sie sich mit einem Einwohner von Jerusalem an. Er war ein syrischstämmiger Schweizer Vertreter des Reiseunternehmens Thomas Cook und "ein netter, intelligenter, höflicher kleiner Mann", und so begann sie, ihn über die Region, in die sie reisen wollte, auszufragen. Er half ihr gerne mit Reisetipps und schlug ihr sogar einige Tutoren vor, die ihr Arabisch beibringen konnten.

Zu sagen, dass Gertrude gut in Sprachen war, wäre eine Untertreibung. Zu diesem Zeitpunkt sprach sie durch die Schule und ihre Reisen in Europa fließend Französisch und fast fließend Deutsch und Persisch. Sie konnte sich auch auf Italienisch unterhalten. Sie beherrschte sogar ein paar Worte Hebräisch, eine Sprache, die jahrhundertelang nicht mehr verwendet worden war, aber unter den jüngsten Einwanderern aus Europa ein kleines Revival erlebte.3 Nun war sie entschlossen, auch Arabisch zu lernen.

In Athen besichtigte sie in einer zweitägigen Rundreise die Akropolis-Ruinen und praktisch alles, was sonst noch von Interesse war, und reiste dann über Land nach Izmir in der Türkei. Am Morgen des 7. Dezember hatte sie einige Stunden Zeit, um die Basare von Izmir zu besichtigen, ein paar Worte Türkisch zu lernen und mit dem britischen Konsul, Henry Cumberbatch28 (dessen Urenkel der Schauspieler Benedict Cumberbatch ist), zu Mittag zu essen. Nach dem Mittagessen fand sie ihr Schiff für die nächste Etappe der Reise. Die SS Rossiya war ein kleines Schiff, und Gertrude hatte eine komfortable Kabine, aber die Stewards sprachen nur Russisch, und das Deck war voll mit

---

3 Die einheimischen palästinensischen Juden sprachen Judeo-Arabisch (ein Dialekt des Arabischen, der in der Regel in hebräischer Schrift geschrieben wird), Judeo-Spanisch (eine bunte Mischung aus Altspanisch, Türkisch, Aramäisch und Arabisch, die von sephardischen Juden, die im 15.th Jahrhundert aus Spanien vertrieben wurden, nach Palästina gebracht wurde) oder einfach den lokalen palästinensischen Dialekt des Arabischen. Einwanderer aus Europa sprachen Jiddisch und vielleicht Hebräisch.

400 russischen Bauern, die auf einer Pilgerfahrt nach Jerusalem waren. Vier Tage lang fuhren sie durch die Ägäis, entlang der Südspitze der Türkei, entlang der syrischen Küste und nach Beirut. Wenige Stunden später brachen sie zur letzten Etappe der Seereise auf, nach Jaffa. Am 12. Dezember trafen die Rosens sie im Hafen und fuhren am Nachmittag mit dem Zug nach Jerusalem. Bei ihrer Ankunft wurden sie von "...einer großen Abteilung türkischer Soldaten mit einer Musikkapelle empfangen, aber ich glaube, sie waren eher wegen des Komandanten Pascha gekommen, der im Zug war, als wegen uns."

Das deutsche Konsulat war klein und alle drei Zimmer waren belegt; außer den Rosens waren noch ihre beiden kleinen Kinder und Ninas Schwester anwesend. Gertrude hatte eine Suite im Hotel Jerusalem reserviert, das nur zwei Gehminuten vom Konsulat entfernt lag. Sie hatte "ein sehr schönes Schlafzimmer und ein kleines Wohnzimmer", das sie sofort nach ihrem Geschmack umgestaltete. Neben Fotos ihrer Familie hängte sie eine große Karte von Palästina an die Wand.29 Sie hatte nicht nur

einen gesellschaftlichen Besuch geplant,
sondern wollte das Land erkunden.
Ihre ersten Erkundungen hinterließen bei ihr
gemischte Gefühle. "Der erste Eindruck von
Jerusalem ist sehr interessant, aber sicher nicht
erfreulich", schrieb sie. Sie bewunderte die
Überreste der alten sarazenischen Mauern,
aber "alle heiligen Stätten sind schrecklich
verunstaltet, weil sie mit abscheulichen Kirchen
der verschiedenen Sekten überbaut sind." Die
Sekten kämpften wie wahnsinnige Hunde, ber-
ichtete sie ihrem Vater, so dass vor jeder Kirche
türkische Soldaten postiert werden mussten,
um zu verhindern, dass sich die Christen gegenseitig mit Steinen bewarfen. Ihre fröhliche
Frömmelei verlieh ihren Kommentaren eine
gewisse Schärfe: "C'est le rendezvous de
toutes les folies religieuses, sagt jemand." - "Es
ist der Treffpunkt aller religiösen Torheiten."
Derjenige, der das sagte, war mit ziemlicher
Sicherheit Gertrud selbst. So sehr die religiösen
Konflikte in der Region sie auch ärgerten, sie
lernte schnell, sie zu verstehen und zu bewälti-
gen. Diese Fähigkeit würde in der Zukunft von
entscheidender Bedeutung sein, wenn es ihr

gelang, sich den Respekt tief religiöser Stammesführer zu verschaffen.

Nachdem sie sich in ihrem Hotel eingerichtet hatte, kaufte Gertrude als Erstes ein Pferd, einen Araberhengst. Als zweites half sie bei der Organisation eines Picknicks auf dem Ölberg für 50 deutsche Marineoffiziersanwärter, die mit einem Ausbildungsschiff gekommen waren (sie ritt auf ihrem neuen Pferd zu dem Picknick). Dann stürzte sie sich in das Erlernen der arabischen Sprache. Sie organisierte sechs Unterrichtsstunden pro Woche, eine große Belastung für eine so schwierige Sprache, und anfangs ärgerte sie sich über ihre langsamen Fortschritte. Aber langsam wurde sie besser. Da beide Sprachen von einem gemeinsamen semitischen Vorfahren abstammen und noch immer viele Ähnlichkeiten aufweisen, wurde auch ihr Hebräisch besser; sie begann, das Buch Genesis in der Originalsprache zu lesen.

Sie verbrachte nicht die ganze Zeit mit dem Lernen, und wann immer sie die Gelegenheit hatte, war sie auf ihrem neuen Pferd unterwegs. Ihre Reitkünste waren bereits ausgezeichnet, doch als sie nun begann, die Außenbezirke Jerusalems zu erkunden, begann sie, sich über den Damensattel zu ärgern. Da Frauen lange, schlichte Röcke trugen, war es üblich, dass sie im Damensattel ritten, was zwar den gesellschaftlichen Anforderungen entsprach, es aber schwieriger machte, das Pferd zu kontrollieren und das Gleichgewicht zu halten. Die ungleiche Gewichtsverteilung war außerdem für Pferd und Reiter anstrengender, und Gertrude begann, die steife Haltung zu hassen, die sie einnahm. Die Rosens schlugen ihr vor, es mit dem Reiten rittlings zu versuchen, also lieh sie sich Dr. Rosens Sattel aus und probierte ihn aus. Es dauerte nicht lange, bis sie sich einen eigenen Herrensattel kaufte und sich von einigen Nonnen einen geteilten Reitrock anfertigen ließ. Jetzt konnte sie so reiten, wie sie wollte, und die Einheimischen gewöhnten sich an den Anblick, wenn sie auf ihrem galoppierenden Hengst die Straßen entlangdonnerte.

Trotz ihrer Religionslosigkeit feierte sie Weihnachten mit den Rosens; die Deutschen können Weihnachten sehr gut, und die Geschichte war so tief in die Geschichte des Landes um sie herum verwoben, dass es unmöglich war, nicht gerührt zu sein. Im neuen Jahr machte sie sich dann daran, das Land weiter zu erkunden. Ihre Meinung über das Heilige Land begann sich zu verbessern, sobald sie Jerusalem verlassen hatte, und da ihr Arabisch endlich brauchbar wurde, konnte sie sich leichter mit den Einheimischen unterhalten. Mit ihrem neuen Herrensattel, dem geteilten Rock und einem breitkrempigen Terai-Hut, der ihre blasse Haut vor der Sonne schützte, war sie praktisch für die Erkundung gekleidet. Es gab noch einen weiteren interessanten Nebeneffekt des neuen Sattels, an den sie vorher nicht gedacht hatte. Die meisten Männer in der Region trugen Gewänder oder eine Dishdasha, und da ihr Rock über die Flanken des Hengstes hing und ihr Haar hochgesteckt und größtenteils unter dem Hut verborgen war, nahmen die Leute an, sie sei ein Mann, wenn sie sie nicht ansprach. In der geschlechtergetrennten Gesellschaft des Nahen Ostens war das eine nützliche Erkenntnis.

Ende Februar fühlte sie sich in Jerusalem so wohl, dass sie es vorzog, allein unterwegs zu sein und sich unter die Einheimischen zu mischen, und sie bezeichnete gelegentliche Besucher als "elende Touristen".30 Jetzt dachte sie daran, einige ehrgeizigere Ausflüge außerhalb der Altstadt zu unternehmen. Während ihres kurzen Aufenthalts in Beirut hatte sie erwogen, über Damaskus dorthin zu fahren, um den britischen Konsul zu treffen, aber sie entwickelte ein starkes Interesse an der Geschichte der Region und beschloss, bei ihrer ersten großen Expedition das alte Königreich Moab zu besuchen.

Die Moabiter waren ein semitischer Volksstamm, der während der Bronzezeit am Ostufer des Toten Meeres lebte. Sie scheinen häufig Kriege mit den Israeliten geführt zu haben und waren eine Zeit lang ein Klientenstaat. Um 840 v. Chr. rebellierten sie und befreiten sich, um schließlich unter Sargon II. ein Klientelstaat des Assyrischen Reiches zu werden. Später wurden sie in das persische Reich eingegliedert und verloren ihre Identität als eigenständiges Volk, aber Spuren ihrer

Zivilisation blieben erhalten, und Gertrude
wollte sie sehen.

Das Reisen in der Wüste ist gefährlich, und
um 1900 war es noch gefährlicher. Neben der
Hitze, der Sonne, dem Wassermangel und dem
unwegsamen Gelände war die Gefahr durch
Banditen oder Nomaden allgegenwärtig. Al-
leine zu reisen ist für jeden ein Wahnsinn,
selbst für diejenigen, die mit der Umgebung
vertraut sind, und für eine wohlhabende Eu-
ropäerin kam es überhaupt nicht in Frage.
Während sie die Ausrüstung zusammenstellte,
die sie für eine zehntägige Expedition benötigte, befragte Gertrude Kandidaten, die als
Führer und Koch in Frage kamen; schließlich
brach sie am 19. März mit Tarif, dem Führer,
einem Koch und zwei Maultiertreibern, die ihre
Lasttiere ziehen sollten, auf. Es sollte nicht nur
eine interessante Reise werden, sondern auch
eine Art mobiles arabisches Bootcamp; niemand in der kleinen Gruppe sprach eine andere
Sprache. 31

Die Reise mag für den typischen spätviktorianischen Touristen nicht geeignet gewesen
sein, aber Gertrude liebte sie. Sie kletterte

durch die Ruinen der persischen Paläste und fotografierte die Pflanzen und Tiere der Wüste.

In Madeba freundete sie sich mit dem Amir Ef-
fendi an und entdeckte, dass er sich gerne mit
seinen Soldaten fotografieren ließ; sie machte
ein Foto und erhielt dafür einen der Soldaten
als Eskorte durch die Wüste. Sie lernte die Rou-
tine in einem Lager kennen. Sie lernte auch die
Gefahren der Region kennen; mehrmals trafen
sie auf bewaffnete Banditen, die nur durch das
Gewehr ihrer Militäreskorte abgeschreckt
wurden. Jede Tatsache wurde in ihrem aktiven
Gedächtnis gespeichert, damit sie in Zukunft
darauf zurückgreifen konnte. Sie reisten 70
Meilen östlich und dann südlich von Jerusalem,
führten die geplante Tour durch Moab durch
und traten dann, müde, aber glücklich, die
Rückreise an. Und dann begann sie, wie schon
oft in den Alpen, ihren wilden Impulsen
nachzugeben.

Der Plan war gewesen, weiter nach Süden
bis Kerak zu fahren und dann nach Westen, um
das südliche Ende des Toten Meeres herum
und zurück nach Jerusalem. Als sie jedoch ihr
Nachtlager im Schatten der alten

Kreuzritterburg von Kerak aufschlugen, kam sie mit einem englischen Arzt und seiner Frau ins Gespräch, und das Gespräch drehte sich um die antike Stadt Petra.

Petra liegt in einem natürlichen Becken, das von Felsen aus rosafarbenem Sandstein umgeben ist, und wurde erstmals vor etwa 9.000 Jahren besiedelt. Zur Zeit der Römer war sie zu einer hochentwickelten Stadt mit einem komplexen Bewässerungssystem herangewachsen und bildete eine natürliche Oase inmitten der Wüste. Außerdem lag sie an der Haupthandelsroute vom Persischen Golf zur Mittelmeerküste. Der römische Gelehrte Plinius der Ältere bezeichnete die Stadt als Hauptstadt der Nabatäer, die durch die Handelskarawanen reich wurden. Um Petra zu passieren, mussten sich die Reisenden durch eine enge Passage schlängeln, die an manchen Stellen kaum einen Meter breit war und auf beiden Seiten von hoch aufragenden Felsen flankiert wurde. Sie hatten keine andere Wahl, als die nabatäischen Mautgebühren zu zahlen. Später nahm die Stadt griechische und ägyptische Einflüsse auf, wurde Teil des Römischen Reiches und verfiel dann. Bei einem Erdbeben im Jahr 551 n. Chr. wurde sie schwer beschädigt und schließlich aufgegeben, als die Araber 663 die Region einnahmen. Heute sind nur noch Ruinen übrig, darunter viele in den weichen rosa Fels gehauene Häuser. Die Stadt lag 60 Meilen - drei Tagesreisen - südlich von Kerak. Gertrude beschloss, dass sie sie sehen musste.

Natürlich war es nicht so einfach, einfach loszufahren. Die Osmanen hatten das Byzantinische Reich 1453 gestürzt, als Konstantinopel erobert und in Istanbul umgewandelt wurde, aber sie schienen dessen Vorliebe für komplexe, verworrene Bürokratie geerbt zu haben. Gertrude war in Kerak. Sie wollte nach Petra reisen. Um von Kerak nach Petra zu reisen, brauchte man eine Genehmigung. Als sie ihren Tee mit Dr. Johnston beendet hatte und in ihr eigenes Lager zurückkehrte, traf sie glücklicherweise auf einen Regierungsbeamten, der gekommen war, um herauszufinden, wer sie war. Da sie wusste, dass die Osmanen "verzweifelte Angst vor den Engländern" hatten, sagte sie dem Mann, dass sie Deutsche sei, und bat um eine Genehmigung für die Reise nach

Petra. Am nächsten Tag, dem 25. März, erhielt sie eine solche. Sie erhielt auch eine neue Militäreskorte, die die vorherige, die nach Madeba zurückkehren musste, ersetzte. Eine andere englische Gruppe, ein Missionar und seine Frau, wollte sie begleiten, und so vereinbarten sie, am 26. März im Morgengrauen aufzubrechen.32 Damit hatte Gertrude den Rest des Tages zur freien Verfügung, und da es in der Umgebung von Kerak kleine Berge gab, bestieg sie einen davon. Dann richtete sich ihre Aufmerksamkeit auf die Kaserne der türkischen Armee. Sie wollte sich unbedingt dort umsehen, aber Dr. Johnston warnte sie, dass sie nie eine Erlaubnis bekommen würde. Da sie aber bereits dabei war, die Gepflogenheiten des Nahen Ostens kennenzulernen, machte sie sich nicht die Mühe, um Erlaubnis zu fragen; sie ging einfach durch das Tor und verkündete fröhlich, dass sie hier sei, um sich herumführen zu lassen. Nach ihrer Führung wurde sie von einer Gruppe türkischer Frauen auf einen Kaffee eingeladen - ihr Arabisch war inzwischen gut genug, um eine lebhafte Unterhaltung zu führen -, besichtigte noch einige Sehenswürdigkeiten und ging dann einkaufen.

"Wir haben heute ein Lamm für einen Medjideh - weniger als 4 Schilling - gekauft, was mir billig erscheint. Es war eine vollkommene Liebe und sein Schicksal hat mich ins Herz getroffen. Ich hatte das Gefühl, dass es mir wie Byron und der Gans ergehen würde, wenn ich ihn noch länger ansehen würde, also trennte ich mich hastig von ihm - und zum Abendessen gab es köstliche Lammkoteletts!"

KAPITEL 10: DIE KÖNIGIN DER WÜSTE

Als Gertrude nach Jerusalem zurückkehrte, hatte sich ihre geplante zehntägige Reise auf 18 Tage ausgedehnt und die zurückgelegte Strecke mehr als verdoppelt. Sie hatte viel über das Reisen in der Wüste gelernt, unter anderem, dass selbst ihr Terai-Hut nicht genug Schutz vor der Sonne bot. Ihr Gesicht war durch die vom Sand und den Felsen reflektierte Energie dunkelrot verbrannt, und bei künftigen Reisen wickelte sie sich ein traditionelles arabisches Keffiyeh-Tuch um den Kopf. Die Gefahr eines Überfalls oder Raubes durch die allgegenwärtigen Beni-Sakhr-Banditen war ebenfalls eine Herausforderung, aber das ließ sich leicht lösen; viele Reisende hatten

Probleme, eine militärische Eskorte von den türkischen Behörden zu bekommen, aber Gertrude schien ein Genie dafür zu haben, die örtlichen Beamten zu bezaubern, damit sie ihr Soldaten ausliehen. Später, als das nicht mehr möglich war, hatte sie das Geld, um einen schweren Webley Dienstrevolver zu kaufen und viel Platz unter ihren Unterröcken, um ihn zu verstecken.

Sie fand nicht nur Lösungen für praktische Schwierigkeiten, sondern lernte auch, sich in der komplexen Gesellschaft der Wüste zurechtzufinden. Die osmanische Bürokratie war kompliziert und es war schwierig, mit ihr zu verhandeln, außer in langen, blumigen Verhandlungen. Auch die arabischen Stämme hatten ihre Regeln; sie hatte gelernt, dass man beim Betreten eines Lagers als Erstes den Häuptling aufsuchen musste. Bemerkenswert ist, wie schnell sie sich das technische und kulturelle Wissen aneignete, das sie zum Überleben in einer so rauen Umgebung brauchte. Nach vernünftigen Maßstäben war sie ein völliger Neuling. Sie hatte weniger als drei Wochen in der Wüste verbracht, viel weniger als viele der "erbärmlichen Touristen". Aber sie war keine Touristin mehr. Sie hatte sogar gelernt, mit der arabischen Einstellung zur Rolle der Frau umzugehen. Bei einer Größe von 1,70 m und rotem Haar, das ihr halb über den Rücken floss, konnte sie die Tatsache, dass sie eine Frau war, nicht verbergen, aber sie entdeckte, dass die Araber, wenn sie sich ähnlich wie ein Mann kleidete und verhielt, vielleicht aus purer Verwirrung, dazu gebracht werden konnten, sie wie einen Mann zu behandeln. Wie schon in den Schweizer Bergen wuchs ihr Selbstvertrauen rasch.

Es muss ihr Ende April so vorgekommen sein, als sei sie wieder übermütig geworden, als sie beschloss, in das Land der Drusen und möglicherweise an die syrische Küste zu reisen. Die Drusen sind ein eng verflochtenes Volk, das seiner eigenen, unverwechselbaren Religion folgt, einer Mischung aus schiitischem Islam, Christentum, Gnostizismus und vielen anderen Zweigen der Theologie und Philosophie. Die Mehrheit der Muslime hält sie für Ketzer. Auch heute noch bilden sie in den Ländern, in denen sie leben - vor allem in Syrien, Libanon und

Israel - eine Parallelkultur, und um 1900 waren
sie eine geschlossene Gesellschaft. Keine westliche Frau war jemals zuvor allein unter ihnen
gereist.

Gertrude wäre beinahe nicht die erste
gewesen. Ihre erste Station war Bosra, am
Rande des Drusenlandes, wo sie mit dem örtlichen arabischen Häuptling verhandeln musste.
Der Mudir, der von den Osmanen ernannt
worden war, konnte ihr die Erlaubnis erteilen
oder verweigern, in das drusische Land weiter-
zureisen. Sie wusste, dass er sie wahrscheinlich
verweigern würde, also wählte sie die einfache
Lösung: Sie log. Sie erzählte dem gereizten
Beamten, dass sie vorhabe, nach Damaskus zu
reiten und zunächst an einer archäologischen
Stätte Halt zu machen. Der Mudir schien ihr
jedoch nicht zu glauben, und in der Nacht
hörte sie, wie er einem ihrer Mitarbeiter sagte,
dass sie Bosra nicht ohne seine Erlaubnis verlassen dürfe. Es war nicht geplant, sich von
einem osmanischen Beamten aufhalten zu lassen. Um zwei Uhr am nächsten Morgen, dem 3.
Mai, war die Expedition wach und packte in aller Ruhe ihr Lager. Um vier Uhr, dem

dunkelsten Moment der Nacht, schlichen sie sich von Bosra und dem schlafenden Mudir weg.33

Mit ihrer Reise durch die Drusen wurde Gertrude zu einer echten Wüstenreisenden. Die wilden, stolzen Krieger nahmen sie sofort in ihr Herz auf; auf dem ganzen Weg durch ihr Land wurde sie von drusischen Männern eskortiert, zu Mahlzeiten eingeladen und zu jeder archäologischen Stätte am Wegesrand geführt. Der größte Teil dieser Behandlung war der Art und Weise zu verdanken, wie sie ihre erste Begegnung mit einem drusischen Häuptling, dem beeindruckenden Yahya Beg, gemeistert hatte. In jedem Dorf war sie ein Ehrengast - in vielen fand sie heraus, dass Yahya Beg's Boten sie dort geschlagen hatten und ein Empfang für die "Königin" vorbereitet wurde.34 Als sie Damaskus erreichte, eskortiert von drei weiteren Soldaten, die von einem türkischen Befehlshaber gestiftet worden waren, fühlte sie sich in der Wüste wie zu Hause.

Die Wüstenbewohner dachten das auch. Auf der nächsten Etappe dieser Expedition von Damaskus zur antiken Oasenstadt Palmyra stieß sie auf eine Gruppe von Agail-Stammesangehörigen, die eine Kamelherde zum Markt brachten. Sie befürchteten, die wertvollen Tiere durch Banditenüberfälle zu verlieren, und luden Gertrude und ihre Soldaten ein, sich ihnen anzuschließen. Das gab ihr nicht nur die Gelegenheit, mit ihnen zu sprechen und ihnen ihr Wüstenwissen zu entlocken, sondern die Agail schuldeten ihr nun auch einen Gefallen.35 In der Tauschkultur des Nahen Ostens war das immer gut zu wissen.

In den nächsten vier Jahren verbrachte Gertrude einen Großteil ihrer Zeit mit der Planung ihrer alpinen Expeditionen, aber sie konnte noch Zeit für den Nahen Osten erübrigen. Im Jahr 1902 verbrachte sie zwei Monate allein in Haifa, um ihre Studien in Arabisch und Persisch abzuschließen - vier Stunden Arabischunterricht pro Tag, zweieinhalb Stunden Persisch pro Tag, sechs Tage die Woche. Sie zahlte nun auch aus eigenen Mitteln. Ihr Großvater hatte 1901 das Familienunternehmen mit einem anderen Stahlunternehmen zusammengelegt und seinen Kindern und Enkeln große Geldbeträge zukommen lassen, so dass sie jetzt nicht nur zu einer der reichsten Familien Englands gehörte, sondern auch über ein beträchtliches eigenes Vermögen verfügte. Damit war sie von der Schuld befreit, ihren Vater finanziell belastet zu haben. Es nahm ihm auch die letzte Kontrolle über ihre Aktivitäten.

Nachdem sie das Matterhorn bestiegen hatte und ihr Interesse am Bergsteigen erloschen war, begann sie mit der Planung einer neuen, ehrgeizigen Serie von Wüstenreisen. Die erste davon fand 1905 statt. Anfang Januar reiste sie von Redcar aus nach Süden, und am 13. Januar war sie in Beirut. Sie zog weiter nach Jerusalem, rekrutierte ihr Team, kaufte Vorräte und brach dann zu ihrem bisher größten Abenteuer auf. Innerhalb von drei Monaten ritt sie erneut durch den Jebel Druse, vorbei an Damaskus, durch Aleppo und in die Türkei. Ihr Plan war es, bis nach Istanbul zu fahren, wobei sie gelegentlich ihr Lager hinter sich ließ und mit dem Zug Umwege machte, um interessante Orte zu besuchen, aber am 17. Mai erhielt sie einen Brief von ihrer Mutter, in dem sie ihr mitteilte, dass ihr Vater krank sei. Obwohl der Brief auf den 1. Mai datiert war, verkaufte sie ihre Pferde und bezahlte ihr Personal, nahm dann den Zug für die letzten 300 Meilen nach Istanbul und fuhr direkt nach Hause.

Ihre Reise und das, was sie gesehen hatte, ermutigten sie, ein neues Reisebuch zu beginnen, das erste von fünf, die sie über diese Region schreiben würde. Inzwischen war sie eine professionelle Fotografin und eine mittelmäßige, aber begeisterte Autodidaktin in Sachen Archäologie, so dass sie über reichlich Material verfügte. Syrien: The Desert and the Sown wurde nach ihrer Rückkehr nach Hause - wo sie Sir Hugh wiederfand - geschrieben und 1907 veröffentlicht. Als das Buch in den Regalen stand, war sie bereits zu ihrer nächsten Expedition aufgebrochen. Auf dem Weg durch die Türkei im Jahr 1905 hatte sie in einem Hotel in Konya Professor William Ramsay kennen gelernt.36 Ramsay war ein Experte für die Türkei und für die Archäologie des Neuen Testaments. Er war auch ein ehemaliger Atheist, der zum Christentum übergetreten war, nachdem mehrere seiner Entdeckungen die historische Richtigkeit der Apostelgeschichte zu bestätigen schienen. Gertrude war fasziniert von der

Idee, mit ihm zusammenzuarbeiten, und 1907 verbrachten sie mehrere Monate mit Ausgrabungen in der Umgebung von Binbirkilise. Diese Stadt war ein Zentrum des byzantinischen Christentums im 3. bis 8. Jahrhundert, und ihr moderner türkischer Name bedeutet "Tausendundeine Kirche". So viele gibt es zwar nicht - es wurden die Ruinen von etwa 50 Kirchen gefunden -, aber Gertrude und Ramsay waren trotzdem sehr beschäftigt. Gertrude kam Mitte Mai in Binbirkilise an, und Ramsay folgte ihr zehn Tage später. Als sie ihre Arbeit am 12. Juli37 beendeten, hatten sie Dutzende von Kirchen ausgegraben und Tausende von Inschriften aus der ganzen Gegend kopiert. Im Jahr 1909 veröffentlichten sie gemeinsam ein Buch über das Projekt, A Thousand and One Churches, das mit Gertrudes Fotos illustriert war. Als sie in diesem Jahr an den Ort zurückkehrte, musste sie leider feststellen, dass viele der Ruinen von Einheimischen geplündert worden waren, die tonnenweise Steine abtransportiert hatten. Heute ist der Schaden noch größer. Das ist ein häufiges Problem für Archäologen - alte Bauwerke sind eine gute

Quelle für geformte Steine für Menschen, die nicht in der Lage sind, sie selbst abzubauen - und betrifft nicht nur ländliche Gebiete. Viele Kirchen in Rom wurden mit Blöcken gebaut, die aus dem Kolosseum geplündert wurden.

Der monatelange Aufenthalt an einem Ort erleichterte es Gertrudes Familie, mit ihr in Kontakt zu bleiben, und sie fuhr regelmäßig zum britischen Konsulat in Konya, um ihre Post abzuholen. Es dauerte nicht lange, bis sie sich mit dem Militärkonsul angefreundet hatte. Major Charles Hotham Montagu "Dick" Doughty-Wylie, ein hochdekorierter Veteran des Burenkrieges und der chinesischen Rebellion, der zweimal schwer verwundet worden war, war hocherfreut, die bekannte Schriftstellerin und Entdeckerin kennenzulernen, und lud sie bei ihrem ersten Besuch zum Mittagessen ein. Er freute sich darauf, einige ihrer Geschichten zu hören, und außerdem konnte er ein wenig angenehme Gesellschaft gebrauchen; mit seiner Frau, mit der er seit drei Jahren verheiratet war, kam er nicht besonders gut aus. Bald stellte er fest, dass er mit Gertrude Bell problemlos auskam, und als sie nach England

zurückkehrte, führten die beiden einen zunehmend freundschaftlichen Briefwechsel.
Ihr Besuch in Binbirkilise im Jahr 1909 war
Teil der längsten Reise ihrer Karriere. Von
Aleppo aus war sie im Februar nach Osten zum
Euphrat aufgebrochen, hatte ihn überquert und
war ihm dann nach Süden bis Bagdad gefolgt.
Unterwegs untersuchte und fotografierte sie alles, was sie an archäologischen Funden finden
konnte. Bagdad ist der Zusammenfluss von Euphrat und Tigris, den beiden großen Flüssen
Mesopotamiens, und als sie die Stadt erreichte,
wandte sie sich wieder nach Norden, den Tigris
hinauf. Diese Expedition war ihre bisher
größte, aber wenn die Karawane mit einem
Dutzend Menschen für ihren Geschmack zu
langsam vorankam, zog sie mit einem Maultier,
einem Führer und einem leichten Zelt weiter.38
Sie folgte dem Fluss bis zu seiner Quelle,
durchquerte Persien und die Türkei und kam
schließlich am 23. Juni in Kayseri an. Dort
verkaufte sie ihr Gespann, zahlte es aus und
reiste mit dem Auto und dem Zug nach Istanbul, wobei sie unterwegs in Binbirkilise Halt
machte.

Ihre Briefe aus Kayseri und später enthalten die ersten Anzeichen des herannahenden Weltkriegs. Unter der armenischen Bevölkerung des Osmanischen Reichs herrschte Unruhe, und auf Drohungen mit einem Massaker an den Türken folgten tatsächliche Massaker an Armeniern. Die Spannungen zwischen dem osmanischen Regime und den freien Staaten des Balkanbundes nahmen zu; drei Jahre später brach der Erste Balkankrieg aus, der die verbliebenen osmanischen Gebiete in Europa auslöschte. Gertrude schrieb, dass sie nach ihrer Rückkehr nach England ein langes Gespräch mit David Lloyd George, einem hochrangigen Minister der liberalen Regierung, über die politische Lage in der Türkei führen wollte.39

Sie sprach nicht nur über die Unterrichtung des Schatzkanzlers - des zweitmächtigsten Mannes in der britischen Regierung - sondern war zu dieser Zeit auch an anderen politischen Aktivitäten beteiligt. Die Bewegung für das Frauenwahlrecht gewann in Großbritannien an Schwung, und die Suffragetten-Bewegung wandte sich radikaleren Taktiken zu. Florence war gegen das Frauenwahlrecht, da sie der

Meinung war, dass die Frauen der Arbeiterklasse ohnehin schon genug zu tun hatten und eine Beteiligung an der Politik ihre Probleme nur noch vergrößern würde. Überraschenderweise stimmte Gertrude, trotz ihrer Unabhängigkeit und ihrer Fähigkeit, es mit den meisten Männern in fast allem aufzunehmen, zu. Da sie inzwischen zu einer recht bekannten Persönlichkeit geworden war, ernannte die britische Frauen-Anti-Wahlrechtsliga sie zu ihrer Ehrensekretärin.

Ihr Hauptaugenmerk galt jedoch dem Nahen Osten, und sie konnte erkennen, dass sich die Lage langsam verschlechterte. Zu diesem Zeitpunkt war sie mit dem Innenleben des Osmanischen Reiches sehr vertraut, und es musste ihr klar sein, dass es nicht mehr lange überleben konnte. Ihr Ziel war es nun, so viele Reisen wie möglich zu unternehmen, bevor der Zusammenbruch kam und die Region in Anarchie versank. 1911 brach sie von Damaskus aus auf, durchquerte die Wüste nach Bagdad und beendete die Vermessung einer babylonischen Palastruine, die sie 1909 untersucht hatte. Dann schwenkte sie nach Norden, den Tigris hinauf, durch die Südtürkei (möglicherweise interessierte sie sich zu diesem Zeitpunkt ebenso sehr für die politische Situation dort wie für die Ruinen) und zurück nach Aleppo.

Im Frühjahr 1912 war Gertrude zu Hause, als Major Doughty-Wylie ohne seine lästige Frau eintraf. Die unberechenbare Lily war zu Besuch bei ihrer Mutter in Wales, und der Major hatte das Gefühl, dass Frau und Schwiegermutter zusammen mehr waren, als er verkraften konnte, und war in die Hauptstadt gefahren, in der Hoffnung, seinen Freund zu treffen. Als er Gertrude mitteilte, dass er in seiner alten Wohnung übernachten würde, beschloss sie plötzlich, eine große Einkaufstour nach London zu unternehmen, die wahrscheinlich mehrere Wochen dauern würde. Es wurde zu einem der Höhepunkte ihres Lebens. Sie hatte viele Freunde in London, so dass sie immer irgendwo hingehen konnte. Doughty-Wylie hatte 1908, als ein Mob in der Nähe von Kunya begann, Armenier abzuschlachten, eine neue Heldentat vollbracht; er hatte seine britische Armeeuniform angezogen, das Kommando über eine Einheit türkischer Soldaten übernommen und dem Aufruhr ein Ende gesetzt. Dabei wurde er in den Arm geschossen, aber nicht allzu schwer, und die osmanische Regierung verlieh ihm eine weitere Tapferkeitsmedaille. Er war ein interessanter Begleiter, den man der Londoner Gesellschaft vorstellen konnte. Leider war er immer noch ein verheirateter Gefährte, und Gertrude verliebte sich gerade in ihn.

Als Lily Wylie ein paar Wochen später in London eintraf, flüchtete Gertrude schnell zurück nach Yorkshire, untypisch verwirrt. Sie merkte, dass Doughty-Wylie sich zu ihr ebenso hingezogen fühlte wie sie zu ihm, aber natürlich war er unglücklich verheiratet. Nach den Maßstäben der damaligen Zeit war Gertrude in vielerlei Hinsicht unverschämt, aber eine Affäre mit einem verheirateten Mann kam für sie nicht in Frage. Um eine Entscheidung in die eine oder andere Richtung zu erzwingen, lud sie ihn im Juli 1913 für einige Tage in ihr Elternhaus nach Rounton ein. Indem sie die Daten sorgfältig abänderte, stellte sie sicher, dass er ohne seine Frau ankommen würde.

Gertrude war zu diesem Zeitpunkt 44 Jahre alt, und die einzige Beziehung ihres Lebens war die mit dem längst verstorbenen Henry Cadogan gewesen. Sie hatte sich nie Gedanken darüber gemacht, aber jetzt war sie überzeugt, dass sie den idealen Partner gefunden hatte. Sie teilten viele Interessen, darunter die Liebe zum Nahen Osten, und hatten ähnliche Persönlichkeiten. Sie waren sogar nur ein paar Tage älter als sie. Als sie ihn schließlich kennenlernte, war er gerade mit der lästigen Lily verheiratet. Unter diesen Umständen spricht es für Gertrudes Charakter, dass sie eine so direkte Lösung wählte; sie brachte ihn einfach auf ihr Gebiet und sagte ihm, was sie empfand. Leider war ihr Vorgehen vielleicht zu direkt, selbst für einen Kriegshelden. Am nächsten Tag floh Doughty-Wylie zurück nach London zu Lily. Ihr Briefwechsel ging weiter, verlor aber langsam seine Leidenschaft. Es ist möglich, dass er sich entschlossen hatte, einen Versuch zu unternehmen, seine Ehe zu retten. Gertrude, gedemütigt und zurückgewiesen, stürzte sich wieder in ihre Abenteuer.

Ihre letzte Wüstenexpedition begann 1913, und sie war spektakulär. Sie hatte eine recht konventionelle Reise durch Syrien geplant, aber man sagte ihr, dass die Bedingungen für eine Reise in das zentrale Hochland der arabischen Halbinsel - den furchterregenden Nejd - so gut seien wie nie zuvor. Da sie so kurzfristig nicht genug Geld aus eigenen Mitteln auftreiben konnte, bat sie ihren Vater um ein Darlehen - in einem Brief, der mit "Ever your tiresome daughter, Gertrude"40 unterzeichnet war - und plante dann die große Expedition. Mitte Dezember brach sie mit ihrer Gruppe auf Kamelen zu einer über 600 Meilen langen Reise auf, die sie durch einige der unwirtlichsten Wüsten der Welt bis tief in das Herz des heutigen Saudi-Arabiens führte. Am 24. Februar 1914 schlug sie ihr Lager in Sichtweite der Stadt Ha'il, ihrem Ziel, auf und ritt am nächsten Tag in die Stadt. Sie hatte zwei ihrer Begleiter vorausgeschickt, um ihre Ankunft anzukündigen, und wurde wie ein Ehrengast empfangen, doch dies sollte eine ihrer seltsamsten Erfahrungen werden.

Ha'il war die Zitadelle des Al-Rashid-Stammes, eines langjährigen Rivalen der Al-Sauds. Sie waren religiös toleranter als ihre strengen wahhabitischen Gegenspieler, aber sie waren Banditen. Der Emir des Stammes war auf Raubzug, also begann Gertrude, die Stadt auf eigene Faust zu erkunden, doch dann geriet sie in Schwierigkeiten. Sie hatte einen Kreditbrief an den Schatzmeister des Emirs geschickt, aber der war gerade mit dem Emir auf Raubzug, und man sagte ihr, sie könne kein Geld bekommen, bevor er nicht zurück sei - in einem Monat. Gertrude war überzeugt, dass die Großmutter des Emirs in seiner Abwesenheit die Schatzkammer kontrollierte und ihr die 200 Pfund (etwa 22.000 Dollar im Jahr 2014) aushändigen konnte, die in dem Schreiben bewilligt worden waren, aber die alte Frau versicherte ihr, dass dies nicht möglich sei. Dann gaben der Stellvertreter des Emirs und sein Bruder die Geschenke zurück, die sie ihnen mitgebracht hatte, ein unheilvolles Zeichen (obwohl eines der Geschenke ein Revolver war, der ihr persönliches Arsenal erweiterte). Ihre Kamele verschwanden, und man sagte ihr, sie seien auf eine

Weide ein paar Meilen von der Stadt entfernt gebracht worden. Schließlich wurde sie gewarnt, dass sie die Stadt ohne Erlaubnis nicht verlassen oder auch nur umherwandern dürfe. Inzwischen war sie sich sicher, dass die Al-Rashids sie nicht gehen lassen wollten, und bei ihrem Ruf war ein Lösegeldversuch alles andere als unmöglich. Langwierige Verhandlungen mit dem äußerst mächtigen Chef-Eunuchen Sa'id führten zu keinem Ergebnis; sie war praktisch eine Gefangene in einer Banditenhochburg tief in der Wüste.

Am 6. März verlor sie die Beherrschung. Sa'id hielt in seinem Zelt mit den führenden (d.h. männlichen) Bürgern von Ha'il Hof, als eine kleine wütende Gestalt mit einer Mähne aus flammend rotem Haar hereinplatzte und sich uneingeladen setzte. Aus Sa'ids Sicht ging es von da an nur noch bergab. In der arabischen Welt wird alles auf Umwegen besprochen; es ist äußerst unhöflich, direkt zur Sache zu kommen, weshalb dort nie etwas schnell erledigt werden kann - der arabische Ausdruck Inshallah, der "Wenn Gott will" bedeutet, wurde als "Mañana ohne die

Dringlichkeit" beschrieben. Gertrude kam direkt auf den Punkt. Tatsächlich kam sie gleich auf mehrere Punkte zu sprechen, darunter ihr Geld, ihre Kamele und die Tatsache, dass sie gehen würde, wohin sie wollte, ohne die Al-Rashids um Erlaubnis zu fragen. Dann stand sie auf und ging hinaus, ohne die übliche aufwendige Verabschiedung zu machen, die nur den höchsten Scheichs erlaubt war.41 In wenigen Minuten hatte sie alle gesellschaftlichen Konventionen der arabischen Welt über den Haufen geworfen, und das in einer abgelegenen Festung, die von empfindlichen, bewaffneten Banditen kontrolliert wurde, deren Ehre sie gerade beschmutzt hatte. Jeder erfahrene Reisende in diesem Teil der Welt würde zustimmen, dass das, was sie getan hatte, eine spektakuläre und effektive Art des Selbstmords war.

Ihre Kamele tauchten bei Sonnenuntergang wieder auf.

Kurze Zeit später klopfte der Eunuch Sa'id mit einem großen Beutel voller Goldsovereigns an ihre Tür und entschuldigte sich ausgiebig. Es habe offenbar eine Reihe höchst unglücklicher

Missverständnisse gegeben, die nun aufgeklärt worden seien, sagte er, und glücklicherweise habe sich herausgestellt, dass ihr Geld doch noch verfügbar sei. Natürlich habe sie auch die Erlaubnis zu gehen, wann immer sie wolle. Sie blieb noch einen weiteren Tag - sie durfte sich in der Stadt frei bewegen und bekam alles gezeigt, was sie sehen wollte -, dann packte sie ihre Karawane zusammen und machte sich auf den Weg nach Bagdad.

Sie hatte sogar erwogen, noch weiter nach Süden zu reisen, aber sie hatte von Stammesaufständen gehört, und das war einfach zu gefährlich. Die Reise nach Norden war schon riskant genug. Bagdad war 450 Meilen entfernt, auf der anderen Seite einer fast strukturlosen Sandfläche, und sie hielten dort nur für eine kurze Rast, bevor sie sich wieder auf den Weg über weitere 500 Meilen Ödland nach Damaskus machten. Als sie im Mai 1914 zu Hause ankam, hatte sie sich den Spitznamen "Königin der Wüste" redlich verdient.

KAPITEL 11: KRIEG

Die Osmanen waren seit dem Krimkrieg
Mitte des 19. Jahrhunderts mit dem Britischen
Empire verbündet, aber Bündnisse ändern sich,
und 1914 hatte die zerfallende türkische
Großmacht ihre Loyalität dem deutschen und
österreichisch-ungarischen Reich übertragen.
Damit war Europa in zwei lose Machtblöcke
geteilt: die Mittelmächte Türkei, Deutschland
und Österreich-Ungarn auf der einen Seite und
die Triple Entente aus dem Britischen Empire,
Russland und Frankreich auf der anderen Seite.
Dank geografischer Zufälle hatten sie das bee-
indruckende Kunststück vollbracht, sich teil-
weise gegenseitig zu umzingeln, und beide
enthielten so viele Fraktionen, gegenseitige
Verteidigungsgarantien und Spannungspunkte,

dass der gesamte europäische Kontinent ein unfallträchtiger Schauplatz war.

Am 28. Juni 1914 wurde der unbeliebte Thronfolger von Österreich-Ungarn, Erzherzog Franz Ferdinand, durch die bosnische Hauptstadt Sarajevo gefahren, als ein junger bosnischer Serbe eine halbautomatische Browning-Pistole .380 aus seiner Tasche zog und zweimal auf das vorbeifahrende Auto schoss. Der Erzherzog wurde in den Nacken getroffen, und seine ebenso unbeliebte Frau Herzogin Sophie bekam die zweite Kugel in den Unterleib. Das verwundete Paar wurde in das Haus des Gouverneurs gebracht, aber Sophie war bei der Ankunft tot; der Erzherzog starb zehn Minuten später. Es handelte sich um ein reines politisches Attentat: Bosnien war sechs Jahre zuvor von Österreich-Ungarn annektiert worden, zum Unwillen aller außer der kroatischen Minderheit, und eine gemischte serbisch-muslimische Gruppe hatte zurückgeschlagen. Das Attentat sollte keine wirkliche Auswirkung auf die Weltpolitik haben, und in der Tat hatte es zunächst nicht einmal eine wirkliche Auswirkung in Österreich; Franz

Ferdinand war so unbeliebt, dass es keinen öffentlichen Aufschrei gab, und selbst die meisten Mitglieder der kaiserlichen Familie machten sich nicht die Mühe, zu seiner Beerdigung zu gehen. Die Behörden in Sarajewo schienen die Botschaft jedoch nicht verstanden zu haben. Sie ermutigten die pro-österreichischen bosnischen Kroaten zu einem Pogrom gegen die rebellischen bosnischen Serben (die ebenso rebellischen bosnischen Muslime schlossen sich begeistert an), bei dem mehrere Serben getötet wurden. Dies rief Proteste aus Serbien hervor. Österreich-Ungarn warnte Serbien, sich aus der Sache herauszuhalten. Russland sagte Österreich-Ungarn, es solle aufhören, Serbien zu bedrohen. Deutschland sagte Russland, wenn jemand Österreich-Ungarn sagen würde, was zu tun sei, dann Deutschland. Ende Juli, noch bevor irgendjemand wirklich herausfinden konnte, was vor sich ging, befanden sich die Entente und die Mittelmächte im Krieg.

Gertrude war Ende Mai 1914 aus der Wüste zurückgekehrt und hatte sich mehrere Wochen lang in Redcar erholt. Als der Krieg ausbrach, beschloss sie, dass sie nun fit und gesund war, und suchte nach einer Möglichkeit, sich freiwillig zu melden. Sie fand das Rote Kreuz und kam Ende November in das Büro für Verwundete und Vermisste in Boulogne, Frankreich. Ihre Aufgabe war es, die Informationen über die Verwundeten in einer Gesamtliste für das Kriegsministerium zusammenzustellen, und das war harte Arbeit, aber sie arbeitete mit einer Geschwindigkeit, die ihre Kollegen verblüffte. Sie wären noch erstaunter gewesen, wenn sie gewusst hätten, dass sie, nachdem sie den ganzen Tag mit dem Schreiben von Listen verbracht hatte, die meiste Zeit der Nacht an ihrem Schreibtisch oder in einem örtlichen Restaurant saß, umgeben von einem blauen Dunst aus Zigarettenrauch, und an Richard Doughty-Wylie schrieb. Sein Versuch, seine Ehe wiederherzustellen, war gescheitert, und ihre Briefe aneinander waren leidenschaftlicher als je zuvor.

Das führte im Dezember zu einer unangenehmen Begegnung. Lily, eine ausgebildete Krankenschwester und Witwe eines Militärarztes (ihr erster Mann war Leutnant im indischen Sanitätsdienst gewesen), war in einem Feldlazarett in der Nähe stationiert und lud Gertrude zum Mittagessen ein. Da sie wusste, dass es verdächtig aussehen würde, die Einladung zu ignorieren, kam sie, und Lily erklärte ihr, dass ihr Mann Gertrude verlassen würde, aber niemals sie.

Lily hatte sich geirrt. Doughty-Wylie, der Militärkonsul in Äthiopien gewesen war, hatte sich freiwillig zum Frontdienst gemeldet und war auf dem Weg nach Hause. Im Februar 1915 besuchte er Lily kurz in ihrem Krankenhaus, hatte Mitleid mit ihr, weil sie sich nicht von ihren Pflichten lösen konnte, und reiste dann weiter nach London. Von dort aus schickte er ein kurzes Telegramm, auf das Gertrude - die wegkommen konnte - gewartet hatte.

Drei Tage und vier Nächte lang saßen die beiden in seiner Londoner Wohnung und konnten endlich frei reden. In sieben Jahren hatten sie nur ein paar Wochen im selben Land verbracht und nur wenige Tage, in denen sie unter vier Augen sprechen konnten. Ihre Beziehung war auf immer leidenschaftlicheren Briefen aufgebaut gewesen, aber jetzt konnten sie offen sein - und das waren sie auch. Sie bat

158 | Königin der Wüste

ihn, seine Frau zu verlassen. Er antwortete ihr, dass sie gedroht hatte, sich umzubringen, wenn er das täte. Allmählich kamen sie überein, dass sie nach dem Krieg zusammen sein würden, koste es, was es wolle. Doch die vier Nächte waren bald vorbei, und so zurückhaltend Gertrude auch war, sie hatten ihre Beziehung noch immer nicht zu einer körperlichen gemacht. In einem verzweifelten Brief nach ihrer Rückkehr nach Frankreich teilte sie ihm mit, dass sie dazu nicht ja sagen könne und dass es einfacher wäre, wenn er das nächste Mal nicht mehr fragen würde.

Ein nächstes Mal würde es nicht geben. Am 25. April 1915 landeten die Briten mit einer starken Streitmacht auf der Halbinsel Gallipoli, 150 Meilen westlich von Istanbul. Der Plan war, die deutschen Streitkräfte von der Westfront, wo die Alliierten unter starkem Druck standen, nach Süden zu ziehen und dann nach Istanbul vorzustoßen und die Mittelmächte in zwei Teile zu zerschneiden. Leider war es ein Desaster. Die Angreifer, die größtenteils dem australischen und neuseeländischen Armeekorps angehörten, wurden am Strand durch schweres

Artillerie- und Maschinengewehrfeuer der gut verschanzten türkischen Verteidiger in die Enge getrieben. Einer der Anführer der Verteidiger war Mustafa Kemal, heute bekannt als Kemal Atatürk, der Gründer der modernen Türkei. Einen großen Teil seines Rufs verdankt er seiner Führungsrolle im Gallipoli-Feldzug, dem letzten Sieg des sterbenden Osmanischen Reichs vor seinem endgültigen Zusammenbruch.

Doughty-Wylie, jetzt Oberstleutnant, hatte seine eigene Führungsrolle zu spielen. Am zweiten Tag des Angriffs führte er eine gemischte Truppe aus englischer und irischer Infanterie, deren Kommandeur bereits erschossen worden war, in einem wütenden Angriff zur Räumung eines Dorfes und eines Hügels, dessen Verteidiger den Strand beschossen. Da er nicht bereit war, auf die Türken zu schießen, unter denen er jahrelang gelebt hatte, ging er ruhig und nur mit seinem Offiziersstock bewaffnet vor seinen Männern her. Sein Angriff fegte über das Dorf hinweg, drehte dann den Hügel hinauf und trieb die Verteidiger den hinteren Hang hinunter. In dem Moment, als er sein Ziel erreicht hatte, wurde er von einem türkischen Scharfschützen in den Kopf geschossen und war sofort tot. Für seine Tapferkeit wurde ihm das Victoria-Kreuz verliehen, die höchste britische Auszeichnung für Tapferkeit. Dieser Orden kam zu seiner früheren Auszeichnung, dem Orden der Medjidie für herausragende Verdienste um den türkischen Staat, hinzu.

Oberstleutnant Doughty-Wylie wurde dort begraben, wo er gefallen war, wie auch die meisten anderen Gefallenen. Nach dem Krieg überführten die Türken die meisten britischen und ANZAC-Leichen auf einen richtigen Soldatenfriedhof an einem der Landungsstränden, aber als Zeichen des besonderen Respekts ließen sie die Leiche von Oberstleutnant Doughty-Wylie auf dem Hügel liegen, den er erobert hatte.

Niemand schrieb Gertrude, um es ihr mitzuteilen, und sie schrieb weiter Briefe, bis sie eines Tages auf einer Party war und jemand kommentierte, wie schade es sei, dass er getötet worden sei. Wie zu erwarten war, war sie am Boden zerstört. Zweimal in ihrem Leben

hatte sie sich verliebt, zweimal hatte der Tod
sie um ihr Glück betrogen. Aber sie brach nicht
zusammen. Sie hatte ihm geschrieben, dass sie
ohne ihn nicht leben konnte, aber wenn sie
musste, tat sie es. Selbst nach dem größten
Schlag ihres Lebens ließ ihre innere Stärke sie
nicht aufgeben.

Die Geschichte von Doughty-Wyllies Tod
enthält eine kuriose Fußnote. Die einges-
chlossene Invasionstruppe wurde schließlich im
Januar 1916 vom Strand vertrieben, wobei
53.000 Tote zurückblieben. Davor, gegen Ende
1915, ging eine kleine Gestalt an einem der In-
vasionsstränden von Bord. Es handelte sich
eindeutig um eine Frau - die einzige, die
während des gesamten Feldzugs in Gallipoli
landete -, aber ihr Gesicht war verschleiert und
ihre Identität blieb ein Geheimnis. Sie blieb
nicht lange. Sie kletterte lediglich auf den
Gipfel des Hügels 141, legte einen Kranz auf
Doughty-Wyllies Grab nieder und ging dann
weiter. Der Historiker L.A. Carlyon vermutete,
dass es sich um Lily Wylie handelte, und es
könnte stimmen; sie arbeitete damals für den
medizinischen Dienst der französischen Armee,

und der Landungsstrand wurde von den französischen Streitkräften kontrolliert. Das ist allerdings unwahrscheinlich. Soweit aus den erhaltenen Aufzeichnungen hervorgeht, arbeitete Lily bis lange nach dem Abzug der geschlagenen Invasoren aus Gallipoli in Frankreich. Aber es gibt noch eine andere Möglichkeit - eine andere Frau, die einen Grund hatte, das Grab zu besuchen, die oft einen Schleier trug und die den Mut und die Gelegenheit hatte, es zu tun.42 Gertrude Bell war wieder im Nahen Osten.

Gertruds Arbeit für das Rote Kreuz war wichtig und hektisch genug, um sie von ihren persönlichen Problemen abzulenken, aber es war nicht der beste Einsatz ihrer einzigartigen Talente. Der Nahe Osten wurde zu einer wichtigen zweiten Front im Krieg; ein Großteil davon gehörte den Osmanen, und im Januar 1915 überfiel eine türkische Streitmacht unter Führung deutscher Offiziere das britisch kontrollierte Ägypten, um den Suezkanal zu erobern. Die Briten schlugen zurück und suchten nach Möglichkeiten, die arabischen Stämme in ganz Palästina und auf der arabischen Halbinsel gegen ihre türkischen Herren aufzubringen. In einem traditionellen Krieg mit Frontlinien, Schützengräben und massiven Frontalangriffen entwickelte das arabische Büro einen Plan, der auch im heutigen Zeitalter der asymmetrischen Kriegsführung noch ein Meisterwerk sein würde. Das osmanische Territorium in der Levante und in Mesopotamien - dem heutigen Israel, Jordanien, Syrien, Irak und anderen Gebieten - war ein riesiges Gebiet, fast 300.000 Quadratmeilen groß. Es war von Versorgungsrouten und Eisenbahnlinien durchzogen, die die Türken für die Versorgung ihrer Truppen in der Region benötigten, aber ein Großteil davon war eine karge Einöde, in der große Armeen nicht lange operieren konnten, ohne dass ihnen Wasser und Nahrung ausgingen. Die lokale Bevölkerung war klein, weit verstreut und stand den osmanischen Behörden oft feindlich gegenüber. Das arabische Büro wusste, dass die Ressourcen, die es sie kosten würde, einen Aufstand in diesem riesigen Gebiet zu entfachen, tausendfach durch die Kosten zurückgezahlt werden würden, die den Türken durch die Bekämpfung des

164 | Königin der Wüste

Aufstands entstehen würden. Das Problem war, dass es ihnen an wirklich fähigen Arabern fehlte, die die wichtigsten Anführer ausfindig machen und sie zur Rebellion überreden konnten. T.E. Lawrence, ein Archäologe und arabischer Linguist, der vor dem Krieg in Mesopotamien gearbeitet hatte, war bereits der Armee beigetreten und nach Kairo versetzt worden. Es wurde jedoch mehr Fachwissen benötigt, und die Kairoer Geheimdienstabteilung hatte große Probleme, den richtigen Mann für diese Aufgabe zu finden. Im November 1915 kam man schließlich auf die Idee, eine Frau zu fragen.

Gertrude verließ Marseille am 21. November und hätte Port Said, Ägypten, am 25. November erreichen sollen. Am 30. November war sie in Kairo, hundert Meilen von Port Said entfernt - zwei Stunden mit dem Zug, drei mit dem Auto -. Zu dieser Zeit trafen Schiffe mit Offizieren aus Gallipoli in Port Said ein, so dass es durchaus möglich ist, dass sie ihre Reise über Gallipoli geplant hat. Von Lily Wylie ist bekannt, dass sie das Grab ihres Mannes 1919,

nach dem Krieg, besucht hat, aber Gertrude
war nicht der Typ, der wartet.

Jetzt, in Kairo, machte sie sich daran, ihre
neuen Kollegen kennen zu lernen. Der Geheim-
dienstchef des arabischen Büros war Colonel
Clayton, ein neuer Bekannter, den sie aber
mochte.43 Ihr engster Kollege war Lt. Cdr. Hogarth, ein Geheimdienstanalyst der Royal Navy
mit einem Hintergrund in Archäologie, und ihre
erste Aufgabe bestand darin, ihm bei der
Erstellung von Gebietsakten zu helfen, indem
sie ihre Kenntnisse über die Gebiete und die
Scheichs, die sie kontrollierten, einbrachte. Sie
fand auch T.E. Lawrence, den sie 1909 bei Ausgrabungen in der hethitischen Stadt Kargamiš
kennen gelernt hatte. In einem Brief an Florenz
beschrieb sie ihn als "außerordentlich intelligent".

Der größte Teil der Arbeit des militärischen
Nachrichtendienstes besteht darin, Berichte zu
sichten und zu analysieren, die von einer Viel-
zahl von Quellen eingehen, von Spionen über
Aufklärungspatrouillen bis hin zu zivilen Flüchtlingen. Gertrude hatte sich bereits wenige
Wochen nach ihrer Ankunft in Kairo in dieser

Hinsicht unschätzbar gemacht. Sie hatte jedoch noch mehr zu bieten, und Colonel Clayton wusste das. Ihre Ortskenntnisse waren denen von Lawrence oder Hogarth mindestens ebenbürtig, auch weil sie eine Frau war. Sie hatte die arabischen Scheichs und Emire als gleichberechtigte Gesprächspartner behandelt und war weitgehend als solche akzeptiert worden, aber sie konnte sich auch mit den Frauen zusammensetzen und deren oft sehr unterschiedliche Sicht der Dinge hören. Diskussionen unter arabischen Männern, insbesondere unter Führern, folgen sorgfältigen Regeln, um sicherzustellen, dass niemand sein Gesicht verliert, ein Versäumnis, das zu Gewalt führen kann. Im Gegensatz zu vielen westlichen Kulturen neigen arabische Frauen dazu, viel direktere Meinungen zu äußern, aber einem männlichen Westler wie Lawrence wäre es nie erlaubt worden, ihre Zelte zu betreten oder an ihren Gesprächen teilzunehmen. Gertrude hatte es getan, und nun war es offensichtlich, dass ihr Wissen über die Stämme, ihre Anführer und die Beziehungen zwischen ihnen unübertroffen war. Vor allem aber hatte sie bereits einen Bericht über den Al-Rashid-Stamm auf der arabischen Halbinsel vorgelegt, aus dem hervorging, dass dieser durch Fehden, Intrigen und Attentate so zersplittert war, dass er gegenüber den Al-Sauds schnell an Boden verlor. Clayton wollte, dass sie an der geplanten arabischen Revolte mitarbeitete, aber Miss Bell war Zivilistin und konnte nicht direkt an militärischen Operationen beteiligt werden. Der Colonel leitete das Problem an General Maxwell, den Befehlshaber der britischen Streitkräfte in Ägypten, weiter. Aus dem Hauptquartier kam die Nachricht zurück, dass Major Bell sich an allem beteiligen könne, was sie wolle.

Gertrude hatte das Beförderungssystem der Armee nicht durchlaufen, so dass der Rang, den das Hauptquartier ihr verlieh, viel darüber aussagt, wie hoch sie geschätzt wurde. In einem britischen Armeehauptquartier werden Pläne auf der Ebene der Stabsoffiziere (Staff Officer Grade 2) vorbereitet, während die Stabsoffiziere (Staff Officers Grade 3) die Laufarbeit erledigen, die ihre Vorgesetzten zur Erstellung des Plans benötigen. Captain T.E. Lawrence,

der berühmte Lawrence von Arabien, war ein
SO3. Major Gertrude Bell war plötzlich ein
SO2. Natürlich war sie eine eher unkonven-
tionelle SO2. Frauen konnten erst nach der
Gründung des Women's Auxiliary Army Corps
im Jahr 1917 offiziell in die britische Armee
eintreten, so dass es keine Uniformen für sie
gab. In gewisser Weise war das schade, denn
eine passende tropische Khakihose für einen
Offizier hätte ihr wahrscheinlich sehr gut
gestanden. So aber erschien sie immer wieder
in einem Kleid und mit Strohhut zur Arbeit. Und
sie hatte eine Menge Arbeit zu erledigen. Im
Januar 1916 hatte sie bereits Reibereien
zwischen den Nachrichtendiensten in Ägypten
und Indien ausgemacht, die die Planung bee-
inträchtigten. Das Büro in Indien war für alles
östlich des Persischen Golfs zuständig,
während Kairo für alles westliche zuständig
war, aber beide hatten ein gemeinsames Ziel:
die osmanischen Gebiete. Gertrude dachte
bereits an die Zeit nach dem Krieg, als ein stän-
diger Nachrichtendienst benötigt wurde, um
die Region in ihrem erhofften post-os-
manischen Zustand zu überwachen, und sie

wusste, dass die Hilfe der indischen Armee unerlässlich sein würde. Sie war auch frustriert darüber, dass das Nachrichtendienstbüro in Aden Informationen nicht schnell genug nach Kairo weiterleitete. Aus ihren Briefen geht hervor, dass sie trotz ihrer fehlenden militärischen Ausbildung ein geborener Stabsoffizier war, mit der Fähigkeit, das Ganze zu sehen, und einem phänomenalen Sinn für Details.44 Es war auch eine Aufgabe, die ihr Spaß zu machen schien - "Ich fühle mich als Stabsoffizier langsam zu Hause! Das ist doch komisch, oder?"

Allerdings hatte sie ein großes Problem. Um die Araber dazu zu bringen, sich gegen die Türken zu erheben, mussten die Briten ihnen etwas Großes bieten - mehr als Gold und Waffen. Die einzige Bestechung, die groß genug war, war das Versprechen der Unabhängigkeit von der Fremdherrschaft, untermauert durch arabischen Nationalismus. Gertruds Problem war, dass sie wusste, dass der panarabische Nationalismus ein Traum war. Die Araber waren viel zu stammesorientiert, um sich zu vereinigen. Das Angebot der

Unabhängigkeit musste gemacht werden, aber nach dem gewonnenen Krieg würde die britische Regierung sehr zögerlich sein, es zu gewähren. Vor allem die indische Regierung - Teil der britischen Regierung, aber mit einem hohen Maß an Unabhängigkeit und einer eigenen gewaltigen Armee - hatte ein Auge auf den Nahen Osten geworfen, um ihr eigenes Gebiet zu erweitern. Gertrude war fest entschlossen, alles in ihrer Macht Stehende zu tun, um den Arabern so etwas wie echte Unabhängigkeit zu verschaffen, doch zunächst musste sie dabei helfen, den Aufstand anzuzetteln. Ihre erste Aufgabe bestand darin, einen gründlichen Überblick über die Stammesstrukturen im gesamten Nahen Osten zu erstellen, wobei sie sich größtenteils auf ihr eigenes Wissen stützte und die Lücken durch Material aus anderen Quellen füllte. Ihre Vorgesetzten staunten nicht schlecht, denn es handelte sich um eine der klarsten und umfassendsten nachrichtendienstlichen Bewertungen, die die britische Armee je erhalten hatte.

Als nächstes wendet sie sich dem Problem Indien zu. Wieder half ihr ihre Gabe,

Freundschaften zu knüpfen; zwischen ihrem alten Freund aus Bukarest Charles Hardinge - jetzt der 1. Baron Hardinge und Vizekönig von Indien - und Sir Valentine Chirol gelang es ihr, eine Einladung nach Indien zu einem Gespräch mit dem dortigen Geheimdienst zu arrangieren. Hardinge traf sie in Delhi und war schnell überwältigt von ihrem Verständnis der Situation im Nahen Osten. Er erkannte, was sie erreichen konnte, und schlug ihr eine neue Aufgabe vor: die Verbindung zwischen den Geheimdiensten in Delhi und Kairo.

KAPITEL 12: VON BASRAH NACH BAGDAD

Die Verbindungsstelle befand sich in Basrah, einer Hafenstadt am Shatt al-Arab, die heute im Südirak liegt. Die britische Armee hat eine lange und nicht immer glückliche Geschichte mit diesem Ort. Die Umgebung ist miserabel: Im Sommer ist es eine schwüle Mischung aus Wüstenhitze, Küstenfeuchtigkeit und dreckigem Staub; im Winter ist es ein Schlammloch, das ständig von lauwarmem Regen durchnässt wird. Im Jahr 2003 hatten wir wenigstens eine Klimaanlage; Gertrude hatte nur die frostige Atmosphäre eines Hauptquartiers, das sie nicht haben wollte.

Basrah war von der Indian Expeditionary Force D besetzt, einer Division der indischen

Armee, die sich aus indischen und regulären britischen Einheiten zusammensetzte und deren Aufgabe es war, zunächst jeden osmanischen Versuch, entlang der Golfküste nach Süden vorzudringen, zu blockieren und dann einen Angriff nach Norden in Richtung Bagdad vorzubereiten. Die Mitarbeiter waren allesamt Berufssoldaten und kannten sich aus; sie hatten keine Ahnung, warum man ihnen diese kleine Frau, die nun wieder schlicht Miss Bell hieß, geschickt hatte. Der oberste politische Offizier, Generalmajor Sir Percy Cox, hätte es ihnen erklären können, aber er war nicht im Hauptquartier. Als er zurückkehrte und erklärte, dass sie persönlich vom Vizekönig - dem Chef der indischen Regierung - geschickt worden war, zeigten die Mitarbeiter endlich Interesse an ihrem neuen Mitglied. Cox war selbst mehr als nur ein wenig interessiert, denn er war Gertrude schon einmal begegnet. Als britischer Generalkonsul am Persischen Golf hatte er versucht, ihre Expedition nach Ha'il im Jahr 1913 zu verhindern, und war irritiert gewesen, als sie wieder einmal das Lager abgebrochen hatte und in der Nacht abgehauen war. Nun beglückwünschte er sie zu ihrer Leistung und beschloss, sie versuchen zu lassen, seine Mitarbeiter für sich zu gewinnen. Und das tat sie. Bei einem Arbeitsessen in der Offiziersmesse mit seinen vier Führungsoffizieren wurde sie gnadenlos über den Nahen Osten und das Potenzial der Araber als Verbündete ausgefragt. Sie beantwortete ihre Fragen, und die Generäle gaben zu, dass sie die Region kannte. Sie skizzierte die Stammesstruktur, und die Generäle erkannten, dass es sich um eine Blaupause für eine Guerilla-Armee handelte. Dann präsentierte sie ihren Masterplan für die Nachkriegszeit im Nahen Osten, und die Generäle gehörten ihr. Am Ende des Tages war ihr provisorisches Büro in einem schwülen Gästezimmer in eine geräumige, gut ausgestattete Veranda mit Blick auf den Shatt al-Arab verlegt worden. Miss Bell war nun wieder Major Bell, mit einem Gehalt der indischen Armee und zwei neuen Ernennungen: Stellvertretender Politischer Offizier und Orientalischer Sekretär.

1916 und Anfang 1917 schürten Lawrence und andere im gesamten osmanischen Teil des

Nahen Ostens die Rebellion. Konventionelle Schlachten zwischen britischen und indischen regulären Truppen und später neu aufgestellten arabischen Armeen setzten die türkischen Streitkräfte unter Druck; ständige Überfälle, Guerillaangriffe und gesprengte Eisenbahnen zehrten an ihren Kräften und verringerten ihre Personalstärke. Während sich die Pattsituation an der Westfront immer weiter zuspitzte und Russland in Niederlage und Revolution zusammenbrach, wendete sich das Blatt im Nahen Osten langsam zugunsten Großbritanniens. Gertrude arbeitete weiter, manchmal schrieb sie Berichte, manchmal ritt sie in die Wüste, um mit Scheichs zu sprechen und sie diskret im Sinne des neuen Systems zu beeinflussen, das sie aufbauen wollte. Wenn Abdul Aziz Ibn Saud das Hauptquartier besuchte, wurde sie beauftragt, ihn herumzuführen und ihm den britischen Plan zu erklären. Als Anführer der extremistischen wahhabitischen Sekte des sunnitischen Islams war Ibn Saud entsetzt, einer unverschleierten Frau vorgestellt zu werden, die es wagte, ihn als gleichwertig zu behandeln, aber er hatte genug Verstand, um

zu erkennen, dass er jemanden, der so offensichtlich respektiert wurde, nicht beleidigen
konnte, wenn er weiterhin britische Unterstützung für seine Rebellion gegen die Türken
wollte. Später verhöhnte er sie vor seinen
Freunden, darunter Hillary St. John Philby.

Obwohl die Briten Ibn Saud unterstützten,
war ihr wichtigster Verbündeter Scherif Hussein, die führende Figur der arabischen Revolte
und Mitglied der prominenten Haschemiten-
fraktion, den traditionellen Herrschern des
Hedschas. Ibn Saud wollte, dass die wahhabit-
ische Sekte die heiligen Städte Mekka und Me-
dina kontrollierte, die jedoch beide im
Hedschas lagen und Hussein unterstanden. Un-
beirrt hatte er begonnen, Husseins Streitkräfte
anzugreifen und gegen die Türken zu kämpfen.
Philby, ein junger Geheimdienstoffizier, der von
Gertrude ausgebildet worden war, konvertierte
zum Islam und war ein Bewunderer von Ibn
Saud. Im Jahr 1917 begann er, entgegen den
Anweisungen von Gertrude und Cox, heimlich
Unterstützung für Hussein an den wahhabit-
ischen Führer umzuleiten. (Verrat scheint in der
Familie zu liegen. 1963 lief Philbys Sohn Kim,

der ebenfalls Geheimdienstoffizier war, aber vom KGB gedoubelt worden war, zur Sowjetunion über.) Philbys Aktivitäten trugen wesentlich dazu bei, die Kontrolle über die arabische Halbinsel an die Al-Sauds zu übergeben, Saudi-Arabien zu gründen und die Rolle, die Gertrude für die Haschemiten-Dynastie in der Nachkriegsordnung vorgesehen hatte, zu verringern.

Anfang 1917 war es offensichtlich, dass die osmanische Macht in Mesopotamien zu schwächeln begann. Nun begann das IEF D mit der Planung des Vormarschs nach Bagdad, und auch hier war Gertrudes Wissen von unschätzbarem Wert. Als die Truppen im Februar aufbrachen, verfügten sie über detaillierte Karten des Geländes und Aufzeichnungen über die Stämme, die sie unterwegs treffen würden. Viele dieser Stämme, die Gertrude überredet hatte, wurden mobilisiert, um den Vormarsch durch Spähen und Plündern zu unterstützen. Bagdad fiel am 11. März, und zwei Wochen später traf Gertrude Cox in der Stadt ein, die sie zur Hauptstadt eines neuen unabhängigen Irak machen wollte.

Ihre erste Priorität war es, die Verwaltung der Stadt zu reorganisieren, um sie für die Unabhängigkeit vorzubereiten; ihre zweite war es, eine angemessene Unterkunft zu finden. Man hatte ihr ein Haus zugewiesen, das sich als Bruchbude entpuppte; es hatte weder Möbel noch Sanitäranlagen und befand sich in einem lauten Basar. Anstatt den Quartiermeister zu bitten, etwas Besseres für sie zu finden, machte sie sich einfach auf den Weg durch die Stadt und entdeckte bald einen großen Garten mit drei alten Sommerhäusern darin. Sie erkundigte sich und fand heraus, dass er einem Freund von ihr, Musa Chalabi (dem Großvater des irakischen Interimspräsidenten Ahmed Chalabi nach Saddam), gehörte. Die Zugehörigkeit zu einer der reichsten Familien Großbritanniens hatte ihre Vorteile; sie mietete den Garten sofort von Chalabi und ließ die Sommerhäuser renovieren.45 Mit dem Einbau eines modernen Badezimmers und einer Küche sowie der Einstellung von Personal, das die Häuschen säuberte und den verwilderten Garten wieder in Ordnung brachte, entstand ein unkonventionelles, aber wunderschönes Heim, das ihr sehr gefiel. Wenn sie ihre Mitarbeiter zu einem Umtrunk einlud, bekamen sie den Eindruck, dass sie es nicht als vorübergehenden Wohnsitz betrachtete.

Da Lawrence einen immer heftigeren Krieg im Hedschas führte und die anglo-indischen Streitkräfte von Bagdad aus nach Norden in Richtung Mosul und zur türkischen Grenze vorstießen, war es offensichtlich, dass die Tage der osmanischen Herrschaft im Nahen Osten gezählt waren. Perverserweise machte das Gertrude geschäftiger denn je. Ein Strom von Emiren und Scheichs besuchte das Hauptquartier, verzweifelt auf der Suche nach Zusicherungen, dass die Türken nicht zurückkehren würden und dass die Briten und Franzosen ihre Unabhängigkeitsversprechen einhalten würden. Man sagte ihnen, sie sollten mit Cox sprechen; sie wollten mit Gertrude sprechen. Einige von ihnen nannten sie die Mutter der Gläubigen, was eine unglaubliche Ehre war; dieser Titel war derjenige, der der Lieblingsfrau des Propheten Mohammed, Aisha, verliehen wurde. Andere nannten sie die Königin der Wüste.

Sie war entschlossen, das in sie gesetzte Vertrauen zurückzuzahlen, und setzte ihr ganzes Wissen und ihren Einfluss ein, um die britische Besatzung in die richtigen Bahnen zu lenken. Mesopotamien musste von Grund auf neu aufgebaut werden, bevor man überhaupt an Unabhängigkeit denken konnte. Die Grundlagen mussten geändert werden. Fünfhundert Jahre lang war die Sprache des Rechts und der Politik Türkisch gewesen; nun musste alles auf Arabisch umgestellt werden. Das korrupte osmanische System des Landbesitzes musste beseitigt und ersetzt werden. Die Gesetze mussten neu geschrieben werden.

Gertrude war das Herzstück von allem. Auch wenn die Beziehungen zu ihren Mitarbeitern manchmal schwierig waren, erkannte die britische Regierung an, was sie tat. Im Oktober 1917 wurde sie zum "Commander of the Order of the British Empire" ernannt. Sie war nicht beeindruckt.

Langsam stabilisierte sich Mesopotamien. Das neue Rechtssystem begann zu funktionieren, zunächst chaotisch, dann immer reibungsloser. Im November 1918 endete der

Krieg mit dem Waffenstillstandsabkommen, obwohl die letzten Reste der türkischen Streitkräfte bis weit ins Jahr 1919 hinein ausharrten. Da das Osmanische Reich in Trümmern lag, war es an der Zeit zu entscheiden, wie es weitergehen sollte, und Gertrude war mit einem weiteren ihrer typischen Briefing-Papiere zur Stelle. Dieses trug den Titel "Selbstbestimmung im Nahen Osten".

Selbstbestimmung war jedoch kein beliebtes Konzept im Hauptquartier in Bagdad. Sir Percy Cox war durch seinen Stellvertreter, Oberstleutnant A.T. Wilson, ersetzt worden. Im Gegensatz zu Cox war Wilson der Ansicht, dass der Nahe Osten von den alliierten Siegermächten, also Großbritannien und Frankreich, übernommen werden müsse. Gertrude war heftig dagegen, aber Wilson war ihr Vorgesetzter und versuchte nun, sie aus dem Entscheidungsprozess auszuschließen. Wilson war ein schwerfälliger Militärbürokrat, und normalerweise hätte Gertrude ihn in Grund und Boden geredet, aber im Moment war ihre Energie auf einem Tiefpunkt. Sie war jetzt Anfang fünfzig, litt unter schweren Malariaanfällen, und obendrein forderten die Hitze, die schlechte Ernährung mit Konserven und dreißig Jahre Kettenrauchen ihren Tribut.

Sie hatte jedoch zwei mächtige Verbündete. Der amerikanische Präsident Woodrow Wilson und der britische Kriegsminister Winston Churchill waren beide gegen die Kolonisierung des Nahen Ostens und unterstützten ihren Plan für einen unabhängigen Irak, aber die Fortschritte in Richtung dieses Ziels waren zu langsam. Von 1919 auf 1920 wurde Gertrude immer schwächer, und die arabischen Unruhen, die durch die Frustration über die Verzögerung der Unabhängigkeit und die Subversion durch die Türkei und die sowjetischen Bolschewiken ausgelöst wurden, gewannen an Stärke. Angriffe der Stämme auf die britischen Streitkräfte führten zu Vergeltungsangriffen der RAF, und selbst die pro-britischen Scheichs wurden immer verbitterter. Es musste etwas unternommen werden, und als Sir Percy Cox im Juni 1920 auf dem Weg nach London in Bagdad Halt machte, unternahm sie einen letzten verzweifelten Versuch. Sie hatte einen buchfüllenden Bericht über ihre Pläne für den künftigen Staat Irak verfasst; nun gab sie ihm den letzten Schliff und übergab ihn Cox, damit er ihn mit nach London nahm. Er tat dies und schaffte es, dass der Bericht dem Parlament als Weißbuch vorgelegt wurde. Review of the Civil Administration of Mesopotamia" von Miss Gertrude Bell CBE war eines der seltenen Dokumente, die im sonst so streitsüchtigen Unterhaus von allen Seiten mit stehenden Ovationen bedacht wurden und die Regierung schließlich zum Handeln bewegten.

Am 11. Oktober 1920 kehrte Cox als Verwalter nach Bagdad zurück. Einige Tage vor seiner Ankunft hatten Gertrude und Wilson einen emotionalen Abschied. Als er versuchte, sich für ihre schlechte Arbeitsbeziehung zu entschuldigen, unterbrach sie ihn und sagte ihm, dass es ebenso sehr ihre wie seine Schuld sei. Das stimmte zwar auf persönlicher Ebene, aber es war großzügig von ihr, so nachsichtig zu sein; sie hatte hart daran gearbeitet, die versprochene Unabhängigkeit zu erreichen, während Wilson sich ihr bei jedem Schritt widersetzt hatte. Jetzt war dieses Hindernis beseitigt, und der Weg war frei.

KAPITEL 13: DER KÖNIGSMACHER

Das neue Land Irak - drei ehemalige osmanische Bezirke rund um Mosul, Bagdad und Basrah - war eine zutiefst stammesorientierte Gesellschaft, in der eine parlamentarische Demokratie nach britischem Vorbild niemals funktionieren würde. Die Nation brauchte einen König, und es gab zwei Möglichkeiten. Die eine war der grimmige Fundamentalist Ibn Saud. Die andere war der Haschemit Faisal bin Hussein Ali al-Hashimi, ein Anführer der arabischen Revolte, der nun Teil der von den Alliierten unterstützten Regierung in Damaskus war. Hussein war in Istanbul quasi als Geisel der Osmanen aufgewachsen und dann von der türkischen Armee ausgebildet worden, aber er

war ein unerbittlicher Gegner des Kaiserreichs.
Als Lawrence ihn im Oktober 1916 kennenlernte, sah er in dem jungen Faisal einen möglichen Anführer für die Nachkriegsvision, die er
trotz seiner Fehler (und das waren viele) mit
Gertrude teilte. Unmittelbar nach dem Krieg
verließ Lawrence die Armee und arbeitete für
das britische Außenministerium, wo er Faisal
zur Pariser Friedenskonferenz begleitete, die
den Krieg offiziell beendete. Lawrence hatte
dazu beigetragen, Faisal als König von Syrien
einzusetzen, doch 1920 erhielt Frankreich die
Kontrolle über Syrien und Faisal wurde vertrieben. Als Cox Ende 1920 nach Bagdad
zurückkehrte, lebte Faisal bereits in England. Er
wollte jedoch unbedingt in den Nahen Osten
zurückkehren, und Cox und Gertrude dachten,
sie hätten den perfekten Job für sie. Jung, pro-
britisch und nicht besonders religiös, schien er
der ideale Kandidat zu sein, um ein Land zu
vereinen, dessen größte Kluft zwischen schiit-
ischen und sunnitischen Muslimen bestand. Es
gab nur ein Problem: Die meisten Iraker hatten
noch nie von ihm gehört. Es war Zeit für einen
letzten Versuch von Gertrude.

Sechs Monate lang reisten sie und andere britische Beamte mit Faisal durch das Land und stellten ihn als potenziellen König vor. Viele der Menschen standen der Idee der Nationalität misstrauisch gegenüber, und einige fürchteten immer noch eine Rückkehr der Osmanen - schließlich hatten die Türken fünf Jahrhunderte lang über sie geherrscht, und es war schwer zu glauben, dass ihr Reich verschwunden war. Jetzt könnte das Vertrauen, das Gertrude in jahrelanger harter Arbeit aufgebaut hatte, einen echten Unterschied machen. Sie erklärte ihnen, dass sich die Welt verändert hatte und dass die osmanische Bedrohung für immer verschwunden war. Sie klärte sie geduldig darüber auf, was die Unabhängigkeit bedeuten würde. Sie konnte auch auf den wachsenden Wohlstand hinweisen: Die Wirtschaft erholte sich rasch, nachdem die Korruption und Stagnation des alten Regimes überwunden waren. Sie versprach, dass es noch mehr geben würde, wenn sie die Unabhängigkeit akzeptierten und sie gut nutzten.

Ihre Bemühungen waren erfolgreich. Im August 1921 wurde das Volk in einem

Referendum über die Unabhängigkeit befragt,
und 95 Prozent stimmten mit Ja. Faisal Hashimi
wurde gebeten, König zu werden, und nahm
an; am 23. August wurde er als Faisal I. von Irak
gekrönt. Die engagierte Gruppe von Verwal-
tern, die der indischen Expeditionsarmee von
Basrah aus nach Norden gefolgt war, hatte ihre
Aufgabe erfüllt und ein neues, unabhängiges
arabisches Land geschaffen. Nun begannen sie
langsam, nach Hause zu gehen.

Aber für Gertrude war dies jetzt ihr
Zuhause. In Briefen an ihre Eltern und an Valentine Chirol machte sie deutlich, dass sie England nicht mehr vermisste.46 Bei ihren
seltenen Besuchen in Yorkshire schlief sie im
Sommerhaus; sie wusste, dass sie sich Feinde
gemacht hatte, und wollte ihre Familie nicht
gefährden, indem sie Angreifer in ihr Haus
brachte. Selbst in England schlief sie mit einem
geladenen Revolver unter ihrem Kopfkissen.
Andererseits war sie glücklich in ihrem kleinen
Haus in Bagdad, das nun wirklich ihr gehörte -
Musa Chalabi, inzwischen einer ihrer engsten
Freunde, hatte es ihr geschenkt. Es war ihr
zwar peinlich, aber sie wusste, dass sie das

Geschenk eines Arabers nicht ablehnen konnte, und so hatte sie klargestellt, dass der Garten ihr gemeinsam gehörte. Sie hatte mehr als jeder andere getan, um ein neues Land zu schaffen. Jetzt hatte sie vor, darin zu leben.

Und da sie so war, wie sie war, plante sie natürlich, es besser zu machen. Im Jahr 1919 wurde sie eingeladen, auf einer Versammlung zu sprechen, auf der eine öffentliche Bibliothek in Bagdad gefordert wurde. 1921 war sie Vorsitzende des Bibliothekskomitees, und drei Jahre später hatte die Stadt eine öffentliche Bibliothek, die heute die Nationalbibliothek des Irak ist. Als Nächstes wandte sie sich der Archäologie zu, sammelte Relikte der mesopotamischen Zivilisation, die auf die frühesten aufgezeichneten menschlichen Kulturen zurückgingen, und baute den Kern dessen auf, was das Nationalmuseum des Irak werden sollte. Obwohl es während des Sturzes des Regimes von Saddam Hussein geplündert wurde, verfügt es immer noch über eine der besten Sammlungen antiker Artefakte der Welt. Jahrzehntelang war einer der Flügel des Museums nach Gertrude benannt, und alle

Ausstellungsstücke sind sowohl auf Arabisch als auch auf Englisch beschriftet - eine Praxis, die sie als erste Direktorin des Museums einführte.

SCHLUSSFOLGERUNG

Gertrude Bell starb in der Nacht vom 11. auf den 12. Juli 1926 in ihrem Haus. Sie hatte sich gerade von einer Rippenfellentzündung erholt, als sie erfuhr, dass ihr Halbbruder Hugo an Typhus gestorben war, und neben ihrem Bett stand eine halbleere Flasche mit Schlaftabletten. Die Schlussfolgerung liegt nahe: Selbstmord aufgrund einer vorübergehenden Depression. Einige haben sogar spekuliert, dass sie ermordet worden sein könnte. Sie hatte sicherlich Feinde, sowohl innerhalb als auch außerhalb des Irak - jeder, der so viel politische Macht hat wie sie, hat Feinde - also ist Mord eine Möglichkeit, aber eine schwache. Selbstmord ist glaubwürdiger, da sie sehr an Hugo hing, aber in diesem Fall muss es ein plötzlicher Impuls gewesen sein - sie hatte ihr Dienstmädchen gebeten, sie am Morgen zu wecken. Die letzte Möglichkeit ist eine versehentliche Überdosis. Vielleicht war eine Dosis, die normalerweise harmlos gewesen wäre, in ihrem geschwächten Zustand einfach zu viel.

Wie auch immer ihr Leben endete, es war ein bemerkenswertes Leben. Was immer sie sich vorgenommen hatte, tat sie mit einer Energie und Kompetenz, die an Ehrfurcht kaum zu überbieten ist. Ob sie nun einen Berg erklomm oder eine Nation aufbaute, sie war nie halbherzig oder zaghaft. Wenn Gertrude sich etwas vornahm, wurde es mit ziemlicher Sicherheit auch getan.

Selbst heute, 88 Jahre nach ihrem Tod, wird noch über ihr Vermächtnis diskutiert. Manche sagen, die heutigen Probleme im Irak seien durch die von ihr gezogenen Grenzen verursacht worden, aber es ist schwer zu erkennen, was sie hätte anders machen können. Sie stand vor der Wahl, entweder einen Flickenteppich von Staaten zu schaffen, die zu klein waren, um zu überleben, oder aber einen ethnischen Konflikt zu riskieren. Tatsächlich war der Irak bis zu der von Saddam Hussein und seinen Nachfolgern entfesselten sektiererischen Gewalt für nahöstliche Verhältnisse bemerkenswert stabil. Sie wusste selbst, dass ihre Grenzen unvollkommen waren, wie ein Blick auf ihre Schriften zeigt, aber sie tat ihr Bestes. Der beste Indikator ist vielleicht, wie sie im Irak gesehen wird. Nach ihrem Tod kam fast ganz Bagdad zu ihrer Beerdigung; Scheichs reisten aus dem ganzen Nahen Osten an, um dabei zu sein, und König Faisal beobachtete die Prozession von seinem privaten Balkon aus. Als die britischen Truppen 2003 nach Basrah zurückkehrten, rief die lokale Bevölkerung, die nach jahrzehntelanger Tyrannei verzweifelt nach einer ordentlichen Regierung verlangte, den Namen von Gertrude Bell an. Seit der Invasion sind ausländische Verwalter und Berater gekommen und gegangen, und wo man sie nicht verabscheute, sind sie vergessen. Doch jede Woche reinigen und pflegen Männer auf dem alten britischen Friedhof von Bagdad das makellose Grab der Frau, die ihre Großväter die Königin der Wüste nannten.

ÜBER LIFECAPS

LifeCaps ist ein Imprint von BookCaps™ Study Guides. Mit jedem Buch wird ein weniger bekanntes oder manchmal vergessenes Leben zusammengefasst.

Wir veröffentlichen ein breites Spektrum an Themen (von Baseball und Musik bis hin zu Literatur und Philosophie). Schauen Sie also regelmäßig in unseren wachsenden Katalog (www.bookcaps.com), um unsere neuesten Bücher zu sehen.

ANMERKUNGEN

[1] The Economist, 7. September 2006, *Gertrude von Arabien*
http://www.economist.com/node/7879942

[2] Journal of the Royal Society of Medicine, Nov 2006, *British Maternal Mortality in the 19th and early 20th Centuries*
http://www.ncbi.nlm.nih.gov/pmc/articles/PMC1633559/

[3] Howell, Georgina (2012), *Daughter of the Desert: Das außergewöhnliche Leben der Gertrude Bell*

[4] Universitätsbibliothek Newcastle, *Gertrude Bell Archiv*
http://www.gerty.ncl.ac.uk/

[5] Howell, Georgina (2012), *Daughter of the Desert: Das außergewöhnliche Leben der Gertrude Bell*

[6] Howell, Georgina (2012), *Daughter of the Desert: Das außergewöhnliche Leben der Gertrude Bell*

[7] Davies & Weaver, *The Dictionary of National Biography 1912-1921*, 1927

[8] Howell, Georgina (2012), *Daughter of the Desert: Das außergewöhnliche Leben der Gertrude Bell*

[9] Sweet, Matthew (2001), *Inventing The Victorians*

[10] Sweet, Matthew (2001), *Inventing The Victorians*

[11] Vergessene Nachrichtensprecher, *Gertrude Bell (1868-1926)*
http://forgottennewsmakers.com/2011/01/12/gertrude-bell-1868-%E2%80%93-1926-explorer-instrumental-in-founding-iraq/

[12] Howell, Georgina (2012), *Daughter of the Desert: Das außergewöhnliche Leben der Gertrude Bell*

[13] *Hafiz*
http://www.hafizonlove.com/bio/index.htm

[14] Howell, Georgina (2012), *Daughter of the Desert: Das außergewöhnliche Leben der Gertrude Bell*

[15] Howell, Georgina (2012), *Daughter of the Desert: Das außergewöhnliche Leben der Gertrude Bell*

[16] Clark, Ronald (2011), *Die Alpen*

[17] Howell, Georgina (2012), *Daughter of the Desert: Das außergewöhnliche Leben der Gertrude Bell*

[18] Brief, Gertrude Bell an Sir Hugh Bell, 28. August 1899

http://www.gerty.ncl.ac.uk/letter_details.php?letter_id=1071

[19] Brief, Gertrude Bell an Sir Hugh Bell, 4. September 1899

http://www.gerty.ncl.ac.uk/letter_details.php?letter_id=1074

[20] Brief, Gertrude Bell an Sir Hugh Bell, 4. September 1899

http://www.gerty.ncl.ac.uk/letter_details.php?letter_id=1074

[21] Brief, Gertrude Bell an Sir Hugh Bell, 2. August 1900

http://www.gerty.ncl.ac.uk/letter_details.php?letter_id=1215

[22] Brief, Gertrude Bell an Sir Hugh Bell, 21. August 1900

http://www.gerty.ncl.ac.uk/letter_details.php?letter_id=1225

[23] Brief, Gertrude Bell an Sir Hugh Bell, 25. August 1901

http://www.gerty.ncl.ac.uk/letter_details.php?letter_id=1262

[24] Brief, Gertrude Bell an Sir Hugh Bell, 8. September 1901

http://www.gerty.ncl.ac.uk/letter_details.php?letter_id=1268

[25] Tagebuch von Gertrude Bell, 4. August 1902

http://www.gerty.ncl.ac.uk/diary_details.php?diary_id=221

[26] Howell, Georgina (2012), *Daughter of the Desert: Das außergewöhnliche Leben der Gertrude Bell*

[27] Brief, Gertrude Bell an Sir Hugh Bell, 29. November 1899

http://www.gerty.ncl.ac.uk/letter_details.php?letter_id=1084

[28] Brief, Gertrude Bell an Florence Bell, 10. Dezember 1899

http://www.gerty.ncl.ac.uk/letter_details.php?letter_id=1090
[29] Brief, Gertrude Bell an Sir Hugh Bell, 13. Dezember 1899

http://www.gerty.ncl.ac.uk/letter_details.php?letter_id=1092
[30] Brief, Gertrude Bell an Florence Bell, 28. Februar 1900

http://www.gerty.ncl.ac.uk/letter_details.php?letter_id=1129
[31] Brief, Gertrude Bell an Sir Hugh Bell, 15. März 1900

http://www.gerty.ncl.ac.uk/letter_details.php?letter_id=1137
[32] Brief, Gertrude Bell an Sir Hugh Bell, 25. März 1900

http://www.gerty.ncl.ac.uk/letter_details.php?letter_id=1147
[33] Brief, Gertrude Bell an Sir Hugh Bell, 3. Mai 1900

http://www.gerty.ncl.ac.uk/letter_details.php?letter_id=1177
[34] Brief, Gertrude Bell an Sir Hugh Bell, 5. Mai 1900

http://www.gerty.ncl.ac.uk/letters.php?year=1900&month=5
[35] Howell, Georgina (2012), *Daughter of the Desert: Das außergewöhnliche Leben der Gertrude Bell*
[36] Brief, Gertrude Bell an Sir Hugh Bell, 16. Mai 1905

http://www.gerty.ncl.ac.uk/letter_details.php?letter_id=1536
[37] Brief, Gertrude Bell an Sir Hugh Bell, 12. Juli 1907

http://www.gerty.ncl.ac.uk/letter_details.php?letter_id=1613
[38] Brief, Gertrude Bell an Florence Bell, 17. März 1909

http://www.gerty.ncl.ac.uk/letter_details.php?letter_id=1667
[39] Brief, Gertrude Bell an Florence Bell, 7. Juli 1909

http://www.gerty.ncl.ac.uk/letter_details.php?letter_id=1722
[40] Brief, Gertrude Bell an Sir Hugh Bell, 29. November 1913

http://www.gerty.ncl.ac.uk/letter_details.php?letter_id=20
[41] Brief, Gertrude Bell an Sir Hugh Bell, 7. März 1914

http://www.gerty.ncl.ac.uk/letter_details.php?letter_id=60
[42] Howell, Georgina (2012), *Daughter of the Desert: Das außergewöhnliche Leben der Gertrude Bell*
[43] Brief, Gertrude Bell an Florence Bell, 30. November 1915

http://www.gerty.ncl.ac.uk/letter_details.php?letter_id=132
[44] Brief, Gertrude Bell an Sir Hugh Bell, 24. Januar 1916

http://www.gerty.ncl.ac.uk/letter_details.php?letter_id=145
[45] Howell, Georgina (2012), *Daughter of the Desert: Das außergewöhnliche Leben der Gertrude Bell*
[46] Howell, Georgina (2012), *Daughter of the Desert: Das außergewöhnliche Leben der Gertrude Bell*